Collection « L'esprit économique »

fondée par Sophie Boutillier et Dimitri Uzunidis en 1996
dirigée par Sophie Boutillier, Blandine Laperche, Dimitri Uzunidis

Si l'apparence des choses se confondait avec leur réalité, toute réflexion, toute Science, toute recherche serait superflue. La collection « L'esprit économique » soulève le débat, textes et images à l'appui, sur la face cachée économique des faits sociaux : rapports de pouvoir, de production et d'échange, innovations organisationnelles, technologiques et financières, espaces globaux et microéconomiques de valorisation et de profit, pensées critiques et novatrices sur le monde en mouvement...
Ces ouvrages s'adressent aux étudiants, aux enseignants, aux chercheurs en sciences économiques, politiques, sociales, juridiques et de gestion, ainsi qu'aux experts d'entreprise et d'administration des institutions.

La collection est divisée en six séries :

Dans la série *Economie et Innovation* sont publiés des ouvrages d'économie industrielle, financière et du travail et de sociologie économique qui mettent l'accent sur les transformations économiques et sociales suite à l'introduction de nouvelles techniques et méthodes de production. L'innovation se confond avec la nouveauté marchande et touche le cœur même des rapports sociaux et de leurs représentations institutionnelles.

La série *Economie formelle* a pour objectif de promouvoir l'analyse des faits économiques contemporains en s'appuyant sur les approches critiques de l'économie telle qu'elle est enseignée et normalisée mondialement. Elle comprend des livres qui s'interrogent sur les choix des acteurs économiques dans une perspective macroéconomique, historique et prospective.

Dans la série *Le Monde en Question* sont publiés des ouvrages d'économie politique traitant des problèmes internationaux. Les économies nationales, le développement, les espaces élargis, ainsi que l'étude des ressorts fondamentaux de l'économie mondiale sont les sujets de prédilection dans le choix des publications.

La série *Krisis* a été créée pour faciliter la lecture historique des problèmes économiques et sociaux d'aujourd'hui liés aux métamorphoses de l'organisation industrielle et du travail. Elle comprend la réédition d'ouvrages anciens, de compilations de textes autour des mêmes questions et des ouvrages d'histoire de la pensée et des faits économiques.

La série *Clichés* a été créée pour fixer les impressions du monde économique. Les ouvrages contiennent photos et texte pour faire ressortir les caractéristiques d'une situation donnée. Le premier thème directeur est : mémoire et actualité du travail et de l'industrie ; le second : histoire et impacts économiques et sociaux des innovations.

La série *Cours Principaux* comprend des ouvrages simples, fondamentaux et/ou spécialisés qui s'adressent aux étudiants en licence et en master en économie, sociologie, droit, et gestion. Son principe de base est l'application du vieil adage chinois : « le plus long voyage commence par le premier pas ».

L'État, le marché et la fragilité

Dynamiques croisées de l'investissement public et privé dans l'Alliance des États du Sahel (AES)

5-7, rue de l'École-Polytechnique, 75005 Paris

http://www.editions-harmattan.fr

ISBN : 978-2-336-56329-9
EAN : 9782336563299

L'État, le marché et la fragilité

Dynamiques croisées de l'investissement public et privé dans l'Alliance des États du Sahel (AES)

5-7, rue de l'École-Polytechnique, 75005 Paris

http://www.editions-harmattan.fr

ISBN : 978-2-336-56329-9
EAN : 9782336563299

Étienne Fakaba Sissoko

L'État, le marché et la fragilité

Dynamiques croisées de l'investissement public et privé dans l'Alliance des États du Sahel (AES)

Préface d'Achille Mbembe

L'Harmattan

Du même auteur

Le Dernier Silence : Douze heures avant la Lumière. , L'Harmattan, 2025.
Le Trône des Illusions,, L'Harmattan, 2025.
Dieu, cette belle et généreuse dame, L'Harmattan, 2025.
Au-delà de la crise. Évaluer l'accès aux soins de Santé dans les zones de conflit au centre du Mali, L'Harmattan, 2024.
Éducation religieuse & intégration économique. Impact comparé entre écoles coraniques et systèmes éducatifs chrétiens, Éditions universitaires européennes, 2024.
Propagande, agitation, harcèlement. La communication gouvernementale pendant la transition au Mali, L'Harmattan, 2024.
Des auxiliaires Ançar *de Médine aux* Ançar *Dine de Ousmane Cherif Madani Haidara au Mali. Doctrine et liens historiques,* L'Harmattan, 2023.
Père Josef Stamer. Itinéraire d'un connaisseur de l'islam et d'un ami des musulmans, L'Harmattan, 2023.
Défis sécuritaires et accès à l'éducation au Centre du Mali. Cas de la région de Ségou, Éditions universitaires européennes, 2023.
Rationaliser pour résilience. Repenser les dépenses publiques maliennes, Éditions universitaires européennes, 2023.
Sauvegarder les intérêts nationaux en Afrique. Une étude des menaces économiques et de leurs implications sur la souveraineté des États africains, L'Harmattan, 2021.
Les solutions économiques. Asseoir les bases d'un développement économique harmonieux, Éditions universitaires européennes, 2018.
Les déterminants de la croissance économique du Mali. Analyse de la croissance économique du Mali de l'indépendance à nos jours, Éditions universitaires européennes, 2011.

Sommaire

RESUME

Cet ouvrage explore les dynamiques croisées de l'investissement public et privé dans les pays de l'Alliance des États du Sahel (AES) — Mali, Burkina Faso et Niger — dans un contexte de transition politique, d'instabilité sécuritaire et de fragilité institutionnelle. En mobilisant un cadre théorique institutionnaliste et un modèle ARDL, il analyse empiriquement l'effet d'entraînement potentiel de l'investissement public sur l'investissement privé entre 1990 et 2023.

Les résultats confirment un effet catalyseur, à condition que les investissements publics soient bien ciblés, exécutés avec rigueur et encadrés par des institutions crédibles. À l'inverse, des effets d'éviction apparaissent dans les contextes marqués par l'arbitraire budgétaire et la priorité sécuritaire. L'ouvrage propose une typologie de scénarios prospectifs à l'horizon 2035 et plaide pour un pacte public–privé fondé sur la transparence, l'intégration régionale et la coopération stratégique.

Il s'adresse aux chercheurs, décideurs, partenaires techniques et acteurs économiques sahéliens désireux de repenser l'investissement comme vecteur de transformation structurelle plutôt que comme outil conjoncturel.

Mots-clés : Investissement public ; investissement privé ; gouvernance ; Sahel ; CEDEAO ; intégration régionale ; AES

Codes JEL : E22 ; O16 ; H54 ; F15 ; O55 ; R11

ABSTRACT :

This book explores the interlinked dynamics of public and private investment in the countries of the Alliance of Sahel States (AES)—Mali, Burkina Faso, and Niger—within a context of political transition, security instability, and institutional fragility. Using an institutionalist theoretical framework and an ARDL model, it empirically analyzes the potential crowding-in effect of public investment on private investment from 1990 to 2023.

The findings confirm a catalytic effect, provided that public investment is well-targeted, rigorously executed, and supported by credible institutions. Conversely, crowding-out effects emerge in contexts marked by budgetary arbitrariness and a securitized allocation of public spending. The book develops a typology of prospective scenarios through 2035 and calls for a public–private partnership pact grounded in transparency, regional integration, and strategic coordination.

It is intended for researchers, policymakers, technical partners, and economic actors in the Sahel who seek to reconceptualize investment as a lever for structural transformation rather than as a short-term fiscal tool.

Keywords: Public investment; private investment; governance; Sahel; ECOWAS; regional integration; AES

JEL Codes: E22; O16; H54; F15; O55; R11

« Ce livre est une tentative de tenir tête au vacarme des slogans, en rappelant une évidence oubliée : il n'y a pas de souveraineté durable sans institutions stables, ni d'avenir sahélien sans confiance reconstruite entre État et société. »

— Étienne Fakaba Sissoko

PREFACE

Le Sahel, aujourd'hui plus que jamais, constitue un miroir troublant où se reflètent les grandes contradictions de notre époque : l'aspiration à la souveraineté et la persistance des dépendances, la quête de sécurité dans un contexte marqué par la violence, l'ambition de transformer les économies tout en demeurant sous l'emprise d'une précarité structurelle. Comme le rappelle ce proverbe africain : « On ne peut tresser une corde solide qu'en associant plusieurs fils ». Face à ces réalités complexes et souvent douloureuses, le livre d'Étienne Fakaba Sissoko se distingue par son courage intellectuel et son ancrage rigoureux dans les réalités sahéliennes.

L'auteur ne se contente pas de décrire les multiples crises qui traversent le Mali, le Burkina Faso et le Niger. Il choisit, avec audace, de pénétrer dans les interstices du pouvoir économique et politique, d'interroger les logiques profondes qui sous-tendent les dynamiques d'investissement public et privé, et de proposer une autre façon d'envisager la souveraineté : une souveraineté ancrée dans l'efficacité institutionnelle, la responsabilité collective et la solidarité régionale.

Ce travail s'inscrit pleinement dans les réflexions contemporaines sur la démocratie substantive, récemment débattues lors des Deuxièmes Assises Africaines de la Démocratie tenues du 19 au 23 juin 2025 à Dakar. Il insiste sur une vérité fondamentale souvent négligée : aucune souveraineté durable, aucun projet démocratique substantif, ne peut s'affirmer sans des institutions robustes, sans transparence budgétaire, sans redevabilité politique et sans une véritable économie politique de l'inclusion. Il rappelle aussi que l'avenir du Sahel ne se construira pas à travers des recettes imposées de l'extérieur, mais par une réflexion authentique, nourrie des réalités locales, des expériences vécues et des ambitions partagées par les populations elles-mêmes.

Écrit dans un contexte marqué par les pressions multiples et les restrictions croissantes des libertés académiques, ce livre est également un témoignage vivant du fait que produire un savoir critique demeure, dans le Sahel d'aujourd'hui, un acte de résistance et d'espoir. Comme le dit un autre adage africain : « Quand on ne sait pas où l'on va, il faut retourner d'où l'on vient ». La lucidité de l'analyse proposée ici nous oblige à repenser notre regard sur cette région souvent réduite à des clichés simplificateurs, et nous incite à réfléchir à notre propre responsabilité collective dans la construction d'un futur désirable, démocratique et substantif pour le Sahel et au-delà.

Je suis honoré d'accompagner ce texte stimulant et nécessaire, convaincu qu'il suscitera débats, échanges et engagements renouvelés. Puisse-t-il inspirer une prise de conscience profonde, un dialogue fécond et encourager d'autres à poursuivre, avec autant de rigueur et d'engagement, la recherche d'une véritable émancipation politique, économique et sociale.

Achille Mbembe

NOTE DE L'AUTEUR

Ce livre est né d'une nécessité, non d'un projet froidement intellectuel, mais d'un impératif politique, scientifique et éthique : documenter avec rigueur et engagement les métamorphoses silencieuses et les impasses structurelles qui traversent les économies sahéliennes, prises en étau entre les discours de souveraineté retrouvée et les réalités persistantes de la précarité budgétaire, institutionnelle et sécuritaire.

À travers l'analyse croisée du Mali, du Burkina Faso et du Niger, nous avons cherché à appréhender l'investissement autrement. Il ne s'agit pas d'un simple agrégat comptable à interpréter uniquement par des ratios technocratiques, mais plutôt d'un miroir révélant les trajectoires nationales, les priorités politiques et la qualité du contrat social.

Le fil conducteur de ce travail est double : d'une part, analyser comment les dépenses publiques et les dynamiques privées s'articulent ou s'affrontent dans des contextes d'instabilité durable ; d'autre part, proposer des réformes concrètes, en rupture avec les routines technocratiques et les recettes importées de l'extérieur.

Nous avons mené cette recherche dans un contexte particulièrement difficile, marqué par des conflits récurrents, des transitions politiques incertaines, des pressions budgétaires croissantes et de fortes restrictions des libertés académiques. Chaque étape nous a rappelé que produire du savoir critique au Sahel relève aujourd'hui autant d'un acte de résistance que d'une vigilance constante.

Les données, les modèles économiques, les références mobilisées et les propositions avancées dans cet ouvrage l'ont été avec une exigence méthodologique élevée, sans prétention à l'exhaustivité ni à l'unanimité. Ce livre se veut avant tout une contribution : ni une somme définitive ni une vérité figée, mais un espace ouvert à la réflexion, au débat, à l'interpellation critique et à l'enrichissement collectif.

Notre objectif n'est pas d'imposer une lecture unique, mais de proposer une grille d'analyse solidement ancrée dans les réalités sahéliennes et ouverte à une pluralité d'interprétations. Nous faisons le pari qu'il est possible de penser l'avenir économique du Sahel avec audace, lucidité et responsabilité, en conjuguant souveraineté assumée, coopération équitable et inclusion sociale.

Ce livre n'aurait pas vu le jour sans l'appui précieux d'une multitude de soutiens. À nos proches, nos collègues, nos étudiants, ainsi qu'à nos interlocuteurs institutionnels, nous adressons notre profonde gratitude. Nous dédions ce travail à toutes celles et ceux qui croient encore que le savoir peut éclairer l'action, que la rigueur peut dialoguer avec l'engagement, et que l'économie politique peut constituer un outil d'émancipation collective.

Nous assumons pleinement les thèses défendues ici, tout en espérant que ce livre nourrira les débats, suscitera des désaccords constructifs, et inspirera d'autres voix, d'autres recherches, et d'autres engagements. Si, même modestement, il contribue à sortir les politiques publiques de l'improvisation et les sciences sociales de leur isolement, alors notre pari sera gagné.

REMERCIEMENTS

Nous tenons à exprimer notre gratitude sincère à toutes celles et tous ceux qui, de près ou de loin, ont contribué à la réalisation de cet ouvrage.

Nos premiers remerciements vont à notre équipe de recherche au **CRAPES**, pour sa rigueur, sa disponibilité et son engagement sans faille, y compris dans les contextes les plus incertains. Ce travail est aussi le fruit de cette intelligence collective, souvent discrète mais toujours essentielle.

Nous adressons une reconnaissance particulière à **Fadimata Maiga, et Michel Traoré,** pour leurs relectures attentives et leurs conseils éclairés, qui ont enrichi la qualité de ce manuscrit.

À nos familles respectives, dont le soutien indéfectible a été un rempart moral dans les moments d'épuisement, de doute ou d'adversité, nous adressons toute notre reconnaissance. Leur patience, leur confiance et leur amour ont donné sens à notre persévérance.

Aux collègues économistes, aux militant·e·s de la gouvernance, aux journalistes libres, aux enseignant·e·s engagés et aux jeunes chercheur·e·s du Sahel qui refusent le silence et la résignation, nous dédions ces pages. Vous êtes la preuve vivante que l'exigence intellectuelle et la conscience sociale peuvent encore dialoguer.

Enfin, nous remercions l'ensemble des institutions nationales, régionales et internationales — y compris celles qui, par leurs rapports, leurs données, leurs prises de position… ou leurs silences, ont nourri notre réflexion.

Dans un monde où l'économie est souvent dite sans être pensée, nous avons ici tenté de penser pour mieux agir.

INTRODUCTION GENERALE

L'investissement est, dans toute économie en développement, un levier structurant. Il conditionne la croissance, soutient la transformation productive et influe durablement sur le bien-être collectif. Mais dans les pays sahéliens, où l'instabilité est devenue chronique, les ruptures politiques fréquentes et l'insécurité persistante, l'investissement devient aussi un révélateur : révélateur des arbitrages budgétaires, des choix politiques implicites, et des limites de l'action publique.

En 2023, le Mali, le Burkina Faso et le Niger ont officialisé la création de l'Alliance des États du Sahel (AES), une entité politico-sécuritaire née d'une double rupture : rupture avec l'ordre institutionnel de la CEDEAO, d'une part ; rupture avec les conditionnalités imposées par les bailleurs traditionnels, d'autre part. Ce tournant régional intervient alors que ces trois États, gouvernés par des régimes militaires, sont confrontés à une conjonction de crises : flambée des dépenses sécuritaires, retrait de l'aide internationale, isolement diplomatique, contraction de la demande intérieure et incertitudes profondes quant aux perspectives d'investissement.

Dans ce contexte inédit, une question devient centrale : **l'investissement public agit-il comme catalyseur ou comme obstacle à l'investissement privé ?** Et plus fondamentalement, **comment articuler ces deux formes d'accumulation dans un environnement de souveraineté revendiquée mais de fragilité institutionnelle persistante?**

Ce travail interroge les dynamiques croisées entre investissement public et investissement privé dans les pays membres de l'AES sur la période 1990–2023. Il évalue empiriquement les effets de l'un sur l'autre, tout en qualifiant les contextes dans lesquels ces interactions produisent des effets d'entraînement ou, au contraire, d'éviction. L'enjeu est à la fois analytique et stratégique : éclairer les arbitrages actuels et futurs dans une région sous forte pression sociale, confrontée à des besoins d'infrastructure massifs et à un espace budgétaire contraint.

Notre démarche est comparative, afin d'identifier les convergences et les divergences entre les trajectoires des trois pays, et de mettre en lumière l'effet des transformations politiques récentes sur les comportements publics comme privés.

La littérature économique souligne le caractère ambivalent de la relation entre investissement public et investissement privé. Dans certains cas, l'investissement public améliore les infrastructures et les externalités, stimulant ainsi le secteur privé (*effet d'entraînement*) (Aschauer, 1989 ; Barro, 1990). Dans d'autres, il accapare les ressources rares, creuse les déficits et freine l'initiative privée (*effet d'éviction*) — notamment dans les contextes de faible gouvernance ou de marchés financiers étroits (Blejer & Khan, 1984 ; Devarajan et al., 1996).

L'approche institutionnaliste rappelle que la qualité de la gouvernance, la stabilité du cadre juridique et la crédibilité des politiques sont déterminantes pour convertir la dépense publique en catalyseur de croissance (North, 1990 ; Acemoglu & Robinson, 2012). Les travaux récents sur l'Afrique (Houngbedji & Bassongui, 2021 ; Diop, 2018) confirment que l'impact de l'investissement public dépend fortement du ciblage, de l'efficacité, du niveau d'endettement et de l'environnement institutionnel.

L'investissement public dans les pays de l'AES produit un effet d'entraînement sur l'investissement privé uniquement lorsqu'il est ciblé, institutionnellement encadré et adossé à un environnement macroéconomique stable. En l'absence de ces conditions, il génère un effet d'éviction, amplifié par les tensions sécuritaires et les fragilités institutionnelles.

Nous adoptons une approche mixte, articulée autour de trois piliers :

- Une analyse économétrique fondée sur un modèle ARDL (Pesaran & Shin, 1998), pour estimer les effets dynamiques à court et long terme ;

- Une analyse descriptive et historique des trajectoires budgétaires, politiques et institutionnelles ;

- Une analyse qualitative issue d'études de cas sur des projets publics structurants, des réformes macroéconomiques et des stratégies d'acteurs privés.

Ce croisement des méthodes permet de confronter les faits, les perceptions et les causalités pour construire un diagnostic robuste et formuler des recommandations opérationnelles.

Apports du livre à la littérature existante

- Une lecture sur trois décennies de politiques d'investissement dans des contextes politiques variés (démocratie, autoritarisme, régimes militaires) ;

- Une analyse intégrée des investissements publics et privés à l'échelle comparative du Sahel ;

- Un ancrage empirique dans les recompositions institutionnelles récentes (création de l'AES, sortie de la CEDEAO, sanctions) ;

- Une approche interdisciplinaire, à la croisée de la macroéconomie appliquée, de l'économie institutionnelle et de l'analyse stratégique.

Le livre est organisé en trois grandes parties, chacune articulant un regard sur l'État, le marché et la fragilité :

1. Une première partie fondatrice, retraçant l'émergence politique et institutionnelle de l'AES, les ruptures géopolitiques et les cadres théoriques d'analyse ;

2. Une deuxième partie consacrée au diagnostic empirique des dynamiques d'investissement, des contraintes systémiques et des interactions observées ;

3. Une troisième partie ouverte sur les scénarios d'avenir, les réformes possibles et la construction d'un pacte stratégique autour de l'investissement productif.

FIGURE 1: MODÈLE CONCEPTUEL DES EFFETS DE L'INVESTISSEMENT PUBLIC SUR L'INVESTISSEMENT PRIVÉ DANS L'AES

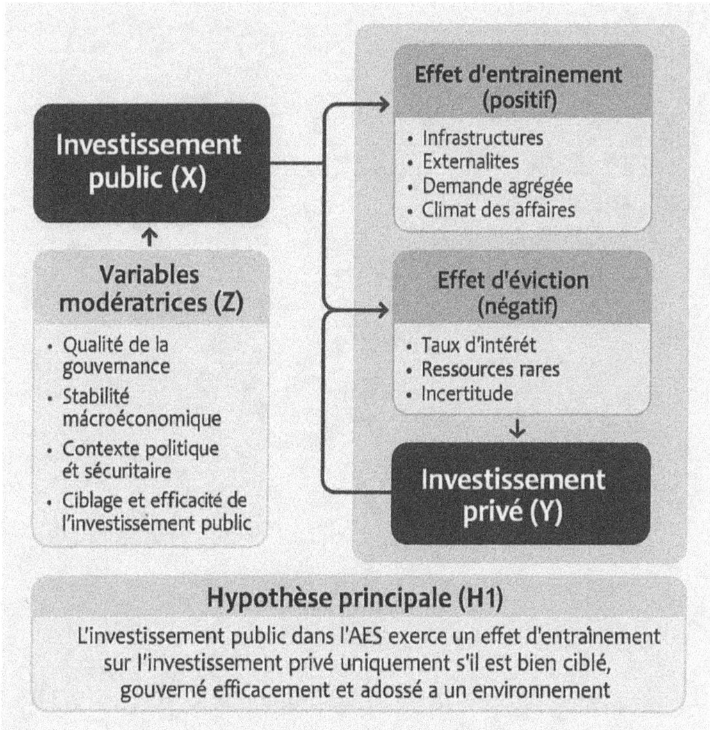

Source : Sissoko EF, 2025

Ce schéma illustre les relations dynamiques entre :

- l'investissement public (variable indépendante),
- l'investissement privé (variable dépendante),
- et un ensemble de variables

modératrices (gouvernance, stabilité macroéconomique, climat politique), susceptibles d'amplifier ou d'inhiber ces effets.

PARTIE I

ÉTATS FRAGILES, INSTITUTIONS CONTESTÉES

1. L'ALLIANCE DES ÉTATS DU SAHEL : NAISSANCE D'UNE AMBITION REGIONALE SOUS CONTRAINTE

L'année 2023 marque un tournant majeur dans la géopolitique ouest-africaine. Le 16 septembre, le Mali, le Burkina Faso et le Niger annoncent la création de l'Alliance des États du Sahel (AES), en signant la Charte du Liptako-Gourma. Dans un contexte de transitions militaires, de défiance croissante à l'égard des institutions régionales et d'isolement diplomatique, cette initiative s'inscrit dans une logique de rupture politique, sécuritaire — et, à terme, économique.

D'abord pensée comme une alliance de défense mutuelle, l'AES élargit progressivement son horizon stratégique. Elle se donne pour ambition d'être une alternative aux dispositifs d'intégration régionale existants, en particulier la CEDEAO, accusée d'être inefficace, inféodée à des intérêts extérieurs et déconnectée des aspirations populaires (Lopez & Sylla, 2023).

Toutefois, entre souverainisme affirmé et contraintes structurelles persistantes, cette recomposition régionale soulève des interrogations majeures. Ce chapitre revient sur les fondements politiques, les dynamiques géostratégiques et les limites institutionnelles de l'AES, afin de poser les bases d'une réflexion sur la viabilité d'une nouvelle architecture économique et sécuritaire au Sahel.

1.1. De la convergence politique à la formation d'une alliance

Entre 2020 et 2023, les trois pays fondateurs ont connu des ruptures politiques majeures :

- Deux coups d'État au Mali (août 2020, mai 2021),
- Deux au Burkina Faso (janvier, septembre 2022),
- Un au Niger (juillet 2023).

Ces transitions militaires ont entraîné sanctions, suspensions et embargos de la part des organisations régionales et internationales, accentuant la fracture avec la CEDEAO (CEDEAO, 2022).

Face à ces pressions, une coordination politique et sécuritaire s'est progressivement affirmée. La Charte du Liptako-Gourma, signée en septembre 2023, officialise la naissance de l'AES, présentée comme un cadre de coopération permanent pour la sécurité, la souveraineté et le développement. Si sa vocation première reste militaire, les autorités évoquent rapidement une extension vers la diplomatie, l'économie, et la monnaie (Goïta, 2023 ; Traoré, 2023 ; Tiani, 2023).

1.2. Une rupture affirmée avec la CEDEAO

La rupture avec la CEDEAO constitue l'acte fondateur de l'AES.

- En janvier 2022, la CEDEAO impose un embargo économique et financier total au Mali, en réponse aux reports électoraux. Cette mesure paralyse les échanges, bloque les financements régionaux, et suscite une vague d'hostilité populaire (Banque mondiale, 2022 ; FMI, 2022).
- Des sanctions similaires sont appliquées contre le Burkina Faso et le Niger.
- Les trois pays dénoncent une instrumentalisation politique de la CEDEAO au service d'intérêts étrangers, notamment français (Tchandé & Kouassi, 2024).

Le 21 janvier 2024, ils annoncent un retrait coordonné, rompant avec près de 50 ans d'intégration régionale fondée sur la libre circulation, l'union douanière et la convergence monétaire (Diabaté, 2021).

Cette sortie crée un vide normatif que l'AES entend combler — sans en avoir, à ce stade, les instruments institutionnels ou juridiques.

1.3. Une ambition souverainiste en quête de moyens

Le projet AES s'inscrit dans une volonté affichée de reconstruction d'un espace sahélien autonome, autour de quatre axes stratégiques :

- Création d'un espace économique commun (libre circulation des biens et des capitaux);
- Instauration d'une monnaie souveraine à moyen terme, rompant avec le franc CFA (MEF du Mali, 2023) ;
- Mise en place d'un fonds d'investissement sahélien pour financer les projets structurants ;
- Élaboration d'une stratégie énergétique partagée, fondée sur l'intégration régionale des ressources et des infrastructures (BCEAO, 2023).

Mais ces ambitions restent largement déclaratives. L'absence de cadre institutionnel, de ressources propres, et d'organes de décision contraignants en limite considérablement la mise en œuvre (Coulibaly, 2023).

1.4. Contraintes structurelles et dépendances persistantes

Les trois pays de l'AES partagent des fragilités structurelles majeures qui compromettent la portée effective du projet :

- **Contraintes budgétaires** :
- Pression fiscale modérée (13–17 % du PIB),
- Dette publique moyenne autour de 60 %,
- Part croissante des dépenses militaires (FMI, 2023 ; Diallo & Traoré, 2023).
- **Contraintes sécuritaires** :
- Conflits armés intérieurs,
- Désorganisation logistique,
- Difficulté de mobilisation fiscale et désincitation à l'investissement (OCDE, 2023).
- **Contraintes institutionnelles** :
- Faiblesse des administrations économiques,
- Absence d'un organe régional opérationnel,
- Hétérogénéité des politiques publiques (Kaboré et al., 2022).
- La figure 2 synthétise les principales contraintes budgétaires, sécuritaires et institutionnelles qui affectent conjointement les pays de l'Alliance des États du Sahel (AES). Ces fragilités structurelles limitent la portée des politiques de développement et compliquent la mise en œuvre d'un projet économique intégré à l'échelle régionale.

Malgré une rhétorique de souveraineté retrouvée, l'AES reste dépendante :

- Des partenaires extérieurs non occidentaux (Chine, Russie, Turquie),
- De ses exportations primaires,
- Et de marchés de substitution encore peu consolidés (Niang, 2023).

L'Alliance des États du Sahel incarne à la fois une réaction politique à une crise de légitimité régionale et un pari institutionnel risqué.

Elle symbolise une rupture assumée avec les anciennes formes d'intégration, mais ne dispose pas encore des leviers économiques ni des institutions solides nécessaires à sa viabilité.

FIGURE 2 : CONTRAINTES STRUCTURELLES PARTAGÉES PAR LES PAYS DE L'AES

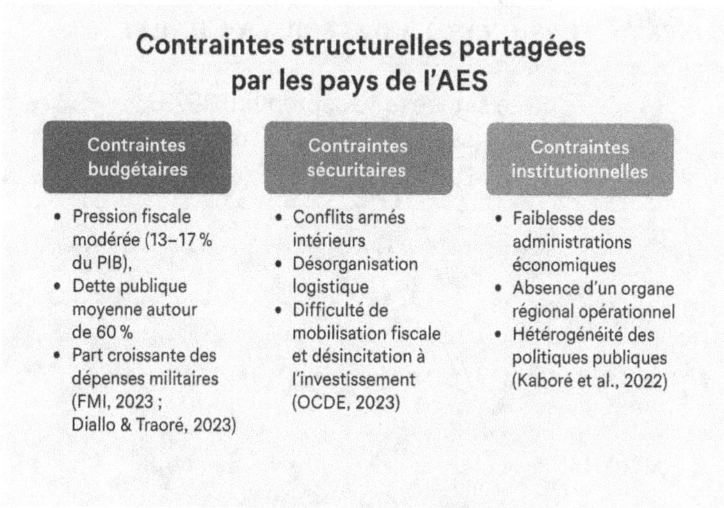

Source : Auteur, 2025

FIGURE 3 : DATES CLÉS DE LA RUPTURE AVEC LA CEDEAO (2022–2024)

Source : Auteur, 2024

La figure ci-dessous présente les principales étapes de la rupture politique et institutionnelle entre le Mali, le Burkina Faso, le Niger et la CEDEAO, ayant conduit à la création de l'AES.

FIGURE 4 : CARTE SCHÉMATIQUE DE L'AES AVEC LES ZONES DE TENSION ET LA DATE DE LA CHARTE

Source : Auteur, 2025

TABLEAU 1 : CONTRAINTES STRUCTURELLES COMPARÉES DES PAYS DE L'AES

Pays	Pression fiscale (%)	Dette publique (% PIB)	Part dépenses militaires (%)	Zones de conflit actives	Contraintes institutionnelles
Mali	13–15	54	~20–22	Nord, Centre, Ouest	Faiblesse administrative, centralisation
Burkina Faso	14–16	59	~25–30	Nord, Est, Centre-Nord	Incohérences de politiques publiques
Niger	11–13	49	~18–20	Ouest, zones frontalières	Capacités techniques limitées

Source : Données compilées par les auteurs à partir du FMI (2023), BCEAO, OCDE, et rapports nationaux.

Ce chapitre a permis de poser les fondations politiques et géopolitiques de l'analyse. Il fait émerger une tension centrale :

Comment bâtir une alternative crédible d'intégration régionale sans socle économique structuré ni cadre institutionnel stable ?

C'est à cette tension que répondra le chapitre suivant, en explorant les cadres théoriques classiques et contemporains de l'investissement, pour mieux comprendre les marges de manœuvre économiques dans un espace en recomposition.

2. THEORIES DE L'INVESTISSEMENT ET ECONOMIES EN TRANSITION

Comprendre les relations entre investissement public et investissement privé exige une lecture nuancée des mécanismes économiques, institutionnels et politiques. Dans des contextes fragiles comme ceux des pays de l'AES, ces interactions prennent une dimension singulière, où les choix budgétaires sont à la fois politiquement sensibles et économiquement contraints. Ce chapitre propose une revue critique des principales approches théoriques mobilisées pour penser l'investissement. Il pose également les fondements conceptuels nécessaires à l'analyse empirique menée dans les chapitres suivants. Il s'agit de dépasser l'opposition simpliste entre effet d'entraînement et effet d'éviction, pour identifier les configurations où l'investissement public peut, ou non, catalyser la dynamique privée.

2.1. L'investissement public comme levier de dynamisation : l'approche néo-keynésienne

L'approche néo-keynésienne postule que l'investissement public stimule la demande globale et génère des externalités positives, notamment en période de sous-utilisation des capacités productives. Par ses dépenses en infrastructures ou en services collectifs, l'État améliore la productivité du capital privé et renforce la confiance des investisseurs (Aschauer, 1989 ; Barro, 1990).

Cette approche a inspiré de nombreux programmes de relance dans les pays en développement, y compris au Sahel. Toutefois, les résultats sont contrastés : sans ciblage stratégique ni bonne gouvernance, l'investissement public peut perdre sa portée macroéconomique (Calderón & Servén, 2010).

2.2. L'effet d'éviction : limites du volontarisme budgétaire

L'école néoclassique met en garde contre l'intervention publique excessive. Lorsque l'État mobilise des ressources importantes via la fiscalité ou l'endettement, il réduit l'espace disponible pour l'investissement privé (Blejer & Khan, 1984 ; Tanzi & Davoodi, 2002).

Dans les économies sahéliennes, caractérisées par une faible épargne et des marchés financiers étroits, l'État entre souvent en concurrence directe avec le secteur privé, notamment sur les marchés de titres publics (BCEAO, 2023). L'effet d'éviction est d'autant plus marqué lorsque la gouvernance est faible et la soutenabilité budgétaire incertaine (IMF, 2015).

2.3. L'approche institutionnaliste : gouvernance, confiance et efficacité

Selon North (1990), les institutions, qu'elles soient formelles ou informelles, déterminent la performance économique. L'investissement public ne devient efficace que s'il est adossé à une gouvernance crédible, transparente et stable (Acemoglu et al., 2005).

Dans l'AES, la personnalisation des décisions budgétaires, la faiblesse des contre-pouvoirs, et l'instabilité institutionnelle nuisent à la confiance des acteurs privés (Kaufmann et al., 2008 ; Pritchett, 2000). L'investissement public peut ainsi devenir non seulement inefficace, mais facteur d'instabilité.

2.4. Vers une complémentarité conditionnelle

La littérature contemporaine converge vers une lecture conditionnelle de la relation entre investissement public et privé. Selon Rodrik (2000) et Estache & Fay (2007), l'effet catalyseur de la dépense publique dépend de trois facteurs clés :

- La cohérence macroéconomique : dépense soutenable, sans dérives inflationnistes ;
- La qualité et rentabilité sociale des investissements publics : ciblage, exécution, impact;
- La stabilité institutionnelle et juridique : sécurité contractuelle, prévisibilité, confiance.
- Sans ces conditions, l'effet d'entraînement devient improbable, et les politiques publiques peuvent générer des effets pervers.

2.5. Nouvelles perspectives : numérique, territoire, climat

Trois évolutions récentes enrichissent la grille d'analyse classique et s'adaptent aux mutations des pays sahéliens :

- Le numérique : les investissements dans les infrastructures digitales (fibre, e-services, registres électroniques) peuvent démultiplier la productivité et élargir l'accès aux services (Delechat et al., 2022). Encore marginale dans l'AES, cette voie offre un potentiel stratégique.
- Les effets spatiaux : un ciblage géographique mal conçu peut accentuer les inégalités territoriales. Inversement, investir dans les zones enclavées peut renforcer les dynamiques locales et réduire les frustrations génératrices de conflits (Gachassin et al., 2010).
- La transition climatique : les investissements "verts" (renouvelables, irrigation, résilience) combinent rendement économique et durabilité sociale. Ils sont sous-utilisés dans la région, malgré leur fort potentiel (World Bank, 2023 ; IMF, 2022).

L'investissement public est un instrument puissant mais ambivalent. Dans les contextes de fragilité structurelle comme ceux de l'AES, il ne peut produire un effet catalyseur que s'il est stratégiquement ciblé, institutionnellement encadré et macroéconomiquement soutenable.

Le schéma suivant illustre les cinq principales approches analytiques de l'investissement public et privé, en précisant pour chacune les effets attendus, les conditions de succès, et les principaux risques. Il sert de grille de lecture conceptuelle pour les chapitres empiriques suivants.

FIGURE 5 : APPROCHES THÉORIQUES DE L'INVESTISSEMENT DANS LES ÉCONOMIES EN TRANSITION

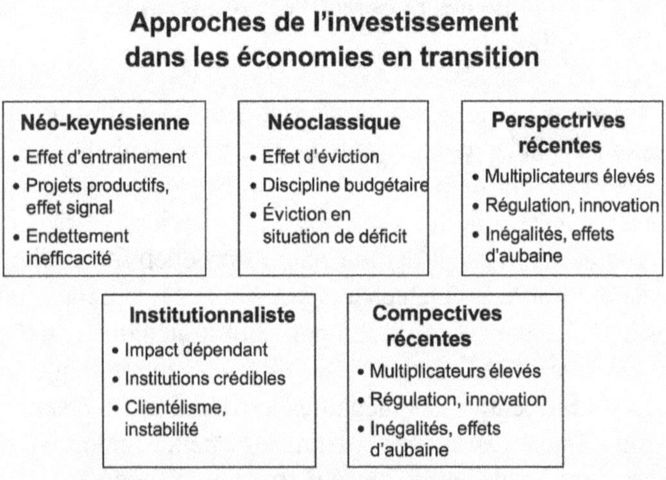

Source : Auteur, 2025

Ce chapitre a posé les bases conceptuelles et théoriques pour analyser les interactions entre sphères publique et privée. Le chapitre suivant documentera les trajectoires réelles des investissements dans l'AES, sur la base de données empiriques, afin de tester les hypothèses formulées ici.

Tableau 2 : Comparatif des approches théoriques de l'investissement

Approche théorique	Postulat principal	Effets attendus	Conditions de réussite	Limites / Risques	Pertinence pour l'AES
Néo-keynésienne	L'investissement public stimule la demande	Effet d'entraînement (Aschauer, 1989 ; Barro, 1990)	Projets productifs, effet signal, soutenabilité budgétaire	Endettement excessif, inefficacité de la dépense	Applicable si ciblage rigoureux et gouvernance correcte
Néoclassique	L'investissement public évince le privé	Effet d'éviction (Blejer & Khan, 1984 ; Tanzi & Davoodi, 2002)	Discipline budgétaire, priorité aux dépenses productives	Risque d'éviction aggravé en contexte de déficit	Risque élevé dans l'AES
Institutionnaliste	La gouvernance oriente l'efficacité des politiques publiques	Impact dépendant (North, 1990 ; Acemoglu et al., 2005)	Institutions crédibles, État de droit, transparence	Clientélisme, corruption, instabilité institutionnelle	Pertinent : institutions faibles limitent l'efficacité
Complémentarité conditionnelle	Efficacité sous conditions de gouvernance et ciblage stratégique	Effets mixtes selon les contextes	Cohérence macroéco, gouvernance, ciblage	L'effet positif disparaît si une condition manque	Cadre analytique adapté mais exigeant
Perspectives récentes	Nouvelles priorités corrigent ou amplifient les déséquilibres	Multiplicateurs élevés (numérique, vert)	Régulation, innovation, ciblage spatial	Fracture numérique, effets d'aubaine, inégalités	Prometteur mais encore peu exploité dans l'AES

Source *: Auteurs, 2024.*

3. CRISES, INSECURITE ET INSTITUTIONS : UNE INSTABILITE STRUCTURELLE

Dans les pays de l'Alliance des États du Sahel (AES), les décisions relatives à l'investissement public et privé s'inscrivent dans un environnement marqué par une instabilité chronique. Loin d'être conjoncturelle, cette instabilité constitue une caractéristique structurelle des trajectoires de développement de la région.

Ce chapitre identifie les formes principales de cette instabilité — politique, sécuritaire et institutionnelle — et en analyse les effets cumulatifs sur la capacité de l'État à investir, sur la confiance des acteurs économiques, et sur l'articulation possible entre les sphères publique et privée.

3.1. Une fragmentation multidimensionnelle de l'instabilité

- L'instabilité dans l'espace AES dépasse les épisodes ponctuels. Elle se manifeste de manière multidimensionnelle et interconnectée :
- Instabilité politique : ruptures constitutionnelles fréquentes, transitions prolongées, légitimité institutionnelle affaiblie ;
- Insécurité physique : généralisation des violences armées, expansion des groupes jihadistes, recul de la présence étatique ;
- Fragilité institutionnelle : faible capacité d'élaboration, de coordination et d'exécution des politiques publiques.

Ces dimensions interagissent dans un cercle vicieux, freinant les dynamiques de développement. Dans ce contexte, l'investissement devient à la fois victime, indicateur et parfois catalyseur de l'instabilité.

3.2. Instabilité politique : transitions prolongées, incertitudes persistantes

Depuis les années 1990, les pays de l'AES ont connu de multiples transitions militaires ou hybrides, avec une accélération notable entre 2020 et 2023 :

- Deux coups d'État au Mali,
- Deux au Burkina Faso,
- Un au Niger.

Ces ruptures sont souvent justifiées par une volonté de refondation étatique ou de rétablissement de la souveraineté, mais leurs effets immédiats sont lourds :

- Suspension de l'aide budgétaire extérieure ;
- Incertitude sur les orientations économiques ;
- Volatilité réglementaire, insécurité juridique ;
- Détérioration des relations entre l'administration et le secteur privé.

La planification économique devient secondaire, et l'investissement se réduit à un outil de légitimation politique de court terme.

3.3. Insécurité généralisée et effondrement territorial

Depuis 2012, une guerre asymétrique sans ligne de front s'étend dans le Nord et le Centre du Mali, le Sahel burkinabè et l'Ouest nigérien. Dans plusieurs zones, l'État est supplanté par des groupes armés non étatiques qui contrôlent routes, marchés et institutions locales (ICG, 2022 ; OCDE, 2023).

Les impacts économiques sont multiples :

- Fermeture des services sociaux de base (écoles, centres de santé) ;
- Dégradation accélérée des infrastructures rurales ;
- Effondrement des activités agropastorales (OCHA, 2023) ;
- Rétraction de l'initiative privée, fuite des capitaux locaux.

Face à cette situation, les États ont opté pour une militarisation croissante des budgets, atteignant jusqu'à 20 % du budget national au Mali en 2022 (FMI, 2023), au détriment des investissements productifs.

3.4. Gouvernance désarticulée et planification défaillante

Les administrations publiques dans l'AES souffrent d'une incapacité chronique à planifier, coordonner et évaluer l'action publique. Cette désarticulation se manifeste par :

- Arbitrages budgétaires incohérents entre ministères ;
- Absence de programmation pluriannuelle crédible ;
- Dispositifs de suivi-évaluation ignorés ou non opérationnels (Houngbedji & Bassongui, 2021).

En période de transition militaire, ces fragilités se renforcent. Le pouvoir décisionnel se centralise, les organes de concertation sont marginalisés, et l'investissement devient un outil de communication politique, plus qu'un levier de transformation économique.

3.5. Une instabilité systémique et auto-renforcée

Les dimensions précédentes se nourrissent mutuellement dans un cycle de fragilité auto-reproducteur :

- L'insécurité réduit la collecte fiscale, limitant l'investissement public, nourrissant le mécontentement, et générant davantage d'instabilité ;
- Les transitions politiques bloquent la coopération financière, restreignent les budgets, concentrent les ressources sur le court terme, et dégradent la confiance dans l'État.

Ce cycle entrave la mise en place de stratégies économiques cohérentes à moyen terme, et explique la difficulté persistante à activer une complémentarité entre investissements publics et privés.

TABLEAU 3 : LES DIMENSIONS INTERDÉPENDANTES DE L'INSTABILITÉ DANS L'AES

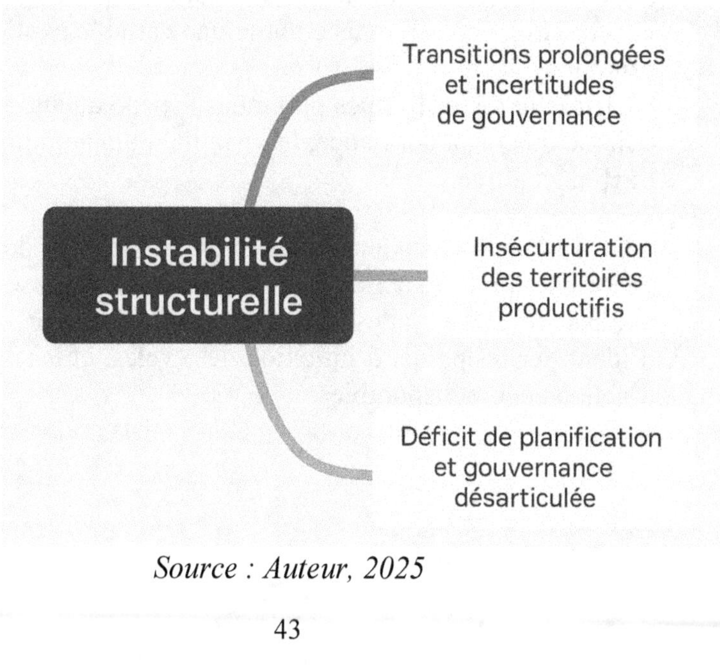

Source : Auteur, 2025

Ce schéma illustre les trois pôles constitutifs de l'instabilité structurelle dans l'espace AES : instabilité politique, insécurité persistante et fragilité institutionnelle. Ces dynamiques interconnectées se renforcent mutuellement, limitant les capacités de l'État à planifier, sécuriser et rendre efficace l'investissement public.

Ces dynamiques se renforcent mutuellement et affaiblissent la capacité des États à planifier, sécuriser et optimiser l'investissement public, tout en dissuadant les acteurs privés.

Dans l'AES, la gouvernance de crise tend à devenir une norme structurelle. La planification s'opère dans l'urgence, les priorités sont dictées par la survie institutionnelle, et les décisions d'investissement s'exercent sous contrainte extrême.

Comprendre les logiques d'investissement dans cette région implique de considérer l'instabilité non comme un facteur conjoncturel, mais comme une variable explicative centrale.
L'efficacité des politiques publiques dépend autant de leur volume que de la confiance, la visibilité et la continuité de l'action étatique.

Le chapitre suivant documentera, à partir des données historiques de 1990 à 2023, l'évolution des investissements publics et privés dans les trois pays de l'AES, afin d'identifier les points d'inflexion, les cycles, et les marges d'action encore disponibles.

4. PORTRAIT ECONOMIQUE COMPARE DES PAYS DE L'AES (1990–2023)

Croissance, structure productive, fiscalité, endettement et vulnérabilités sectorielles

Comprendre les dynamiques d'investissement dans l'Alliance des États du Sahel (AES) suppose une lecture approfondie des fondements économiques des trois pays membres. Au-delà des agrégats macroéconomiques, il convient d'analyser la structure productive, les contraintes budgétaires, les vulnérabilités systémiques et les arbitrages politiques qui orientent les trajectoires nationales.

Ce chapitre adopte une approche comparative du Mali, du Burkina Faso et du Niger sur la période 1990–2023. Il met en évidence leurs points communs, qui justifient leur rapprochement stratégique, et leurs divergences structurelles, qui complexifient toute politique d'investissement coordonné.

4.1. Croissance économique : résilience contrainte, transformation inaboutie

Sur les trois dernières décennies, les pays de l'AES ont enregistré une croissance positive, mais peu transformatrice. En moyenne annuelle (1990–2023) :

- **Burkina Faso** : 4,6 %, tirée par l'or et les infrastructures ;
- **Niger** : 4,2 %, marquée par les effets de l'uranium et de la variabilité agricole ;
- **Mali** : 3,8 %, pénalisée par les chocs politiques (Banque mondiale, 2023).

Ces taux restent inférieurs aux besoins démographiques, notamment au Niger où la population croît de 3,8 % par an (UNFPA, 2022).

Les phases de croissance sont souvent liées à des chocs exogènes (annulations de dette, hausse des matières premières), tandis que les périodes de ralentissement coïncident avec des crises (coups d'État, conflits, sécheresses).

Il s'agit donc d'une croissance sans transformation, insuffisante pour structurer durablement l'économie ou réduire significativement la pauvreté.

4.2. Structure productive : rente extractive et désindustrialisation prolongée

Les économies de l'AES sont dominées par un secteur primaire vulnérable et une dépendance aux ressources extractives :

- **Agriculture** : 30 à 40 % du PIB, mais à faible productivité, vulnérable au climat et peu mécanisée (FAO, 2023) ;
- **Industrie extractive** : or (Mali, Burkina Faso), uranium (Niger) ; générant recettes mais peu d'emplois ou de valeur ajoutée locale (OCDE, 2023) ;
- **Industrie manufacturière hors mines** : embryonnaire, sans ancrage stratégique ni intégration régionale.

Les chaînes de valeur sont fragmentées, les intrants massivement importés, les capacités de transformation quasi nulles. Cette faiblesse productive limite considérablement l'impact des investissements publics sur la transformation économique.

1.1. **Mobilisation fiscale : faiblesse chronique et inefficacité incitative**

La pression fiscale demeure structurellement inférieure aux normes régionales (critère de convergence UEMOA : 20 %) :

- **Mali** : 13–15 % du PIB ;
- **Burkina Faso** : 14–16 % ;
- **Niger** : 11–13 % (BCEAO, 2023).

Cette faiblesse traduit :

1. Une assiette étroite, en raison de l'économie informelle et de la faible monétisation en zones rurales ;

2. Des incitations fiscales inefficaces, avec exonérations généralisées, notamment dans le secteur minier, sans effet clair sur l'investissement local (Diop, 2021).

Il en résulte un espace budgétaire réduit, qui limite l'investissement public et renforce la dépendance à l'endettement.

1.2. **Endettement : retour des tensions après le répit post-PPTE**

Après les initiatives d'allègement de dette (PPTE), les pays de l'AES connaissent une hausse soutenue de leur endettement :

- **Mali** : 54 % du PIB
- **Burkina Faso** : 59 %
- **Niger** : 49 % (FMI, 2023)

Cette dynamique est alimentée par :

- L'explosion des dépenses sécuritaires ;
- La réduction des appuis extérieurs post-transitions ;

- Un recours croissant aux marchés régionaux, à des taux parfois élevés.

Le problème n'est pas tant le niveau de la dette que sa qualité : elle sert souvent à financer des dépenses courantes ou politiques (salaires militaires, subventions ciblées), au détriment de l'investissement productif.

4.3. Vulnérabilités sectorielles : insécurité, climat, déséquilibres territoriaux

Trois vulnérabilités majeures freinent le développement économique :

1. **Insécurité chronique** : entrave l'accès aux zones rurales, désorganise les marchés, réduit la collecte fiscale (ICG, 2022) ;

2. **Stress climatique** : pluies erratiques, dégradation des sols, sécheresses récurrentes (FAO, 2023) ;

3. **Inégalités territoriales** : concentration des services dans les capitales, marginalisation des périphéries (Sanogo et al., 2021).

Ces vulnérabilités ne sont pas uniquement exogènes : elles sont exacerbées par des choix politiques, comme la centralisation des ressources, la sous-priorisation des zones rurales, ou l'inertie administrative.

4.4. Synthèse comparative : vers un diagnostic différencié

Ce portrait met en lumière un triple paradoxe :

- Croissance sans transformation ;
- Dépenses sans résilience ;
- Endettement sans levier structurel.

L'AES est née dans l'urgence, mais sa viabilité dépendra de la capacité de ses membres à :

- Construire une base productive solide ;
- Renforcer la gouvernance budgétaire ;
- Intégrer les vulnérabilités dans les politiques d'investissement.

Le chapitre suivant analysera l'évolution historique et sectorielle des investissements publics, afin d'identifier les priorités retenues, les ressources mobilisées et les effets attendus ou manqués.

TABLEAU 4 : COMPARAISON ÉCONOMIQUE SYNTHÉTIQUE DES PAYS DE L'AES (1990–2023)

Indicateurs / Pays	Mali	Burkina Faso	Niger
Croissance annuelle moyenne	3,8 %	4,6 %	4,2 %
Croissance démographique (2023)	~3,0 %	~3,0 %	~3,8 %
PIB par habitant (USD, 2023)	≈ 870	≈ 850	≈ 590
Secteurs dominants	Or, agriculture, coton	Or, agriculture, élevage	Uranium, élevage,

Indicateurs / Pays	Mali	Burkina Faso	Niger
			agricultur e
Part de l'agriculture dans le PIB	≈ 30 %	≈ 33 %	≈ 40 %
Secteur secondaire (hors mines)	Faible	Faible	Très faible
Pression fiscale (% PIB)	13–15 %	14–16 %	11–13 %
Dette publique (% PIB, 2023)	54 %	59 %	49 %
Dépenses sécuritaires estimées	~20–22 %	~25–30 %	~18–20 %
Zones d'insécurité actives	Nord, Centre, Ouest	Nord, Est, Centre-Nord	Ouest, frontières

Indicateurs / Pays	**Mali**	**Burkina Faso**	**Niger**
Vulnérabilités climatiques	Sécheresses, inondations	Désertification, stress hydrique	Sécheresses extrêmes
Épargne intérieure	Moyenne	Faible	Très faible
Inégalités territoriales	Fortes	Prononcées	Très marquées

Sources *: FMI, BCEAO, Banque mondiale, FAO, ICG, Sanogo et al. (2021), compilées par les auteurs (2025).*

PARTIE II

INVESTISSEMENTS SOUS CONTRAINTE : LOGIQUES CROISEES

5. DYNAMIQUES DE L'INVESTISSEMENT PUBLIC : ENTRE AMBITION ET DERIVES

Dans les pays de l'Alliance des États du Sahel (AES), l'investissement public est à la fois un instrument politique, un signal budgétaire et un outil de projection étatique. Il incarne les ambitions de transformation, mais reflète aussi les contraintes politiques, sécuritaires et financières qui pèsent sur l'action publique.

Ce chapitre retrace l'évolution des dynamiques d'investissement public de 1990 à 2023 au Mali, au Burkina Faso et au Niger. Il en identifie les phases historiques, les priorités sectorielles, les sources de financement, les projets emblématiques, ainsi que les dérives systémiques qui affaiblissent leur portée.

5.1. Trois phases d'évolution de l'investissement public (1990–2023)

L'histoire de l'investissement public dans l'AES peut être lue en trois grandes séquences, reflétant les changements de paradigmes, les cycles d'aide et les recompositions politiques internes.

➤ Phase 1 (1990–2005) : L'ajustement structurel contraint

Dans le cadre des Programmes d'ajustement structurel (PAS), les États réduisent leur rôle économique, limitent les dépenses publiques et se recentrent sur les fonctions dites « essentielles ».

Les investissements sont strictement encadrés, prioritairement orientés vers l'éducation de base, la santé communautaire et les routes rurales (Banque mondiale, 2002).

Le paradigme dominant privilégie la soutenabilité budgétaire, au détriment d'une transformation structurelle. Résultat : infrastructures sous-financées, capacités d'investissement affaiblies.

➤ Phase 2 (2005–2012) : Le rebond post-allègement de dette

L'initiative PPTE et l'IADM permettent un allègement massif de la dette. Des marges budgétaires sont libérées pour un réinvestissement dans les infrastructures (routes, électrification, écoles), soutenu par la Banque mondiale, l'UE et des partenaires bilatéraux (FMI, 2008). L'investissement public devient un **levier de visibilité politique**.

Mais deux limites persistent :

- **Capacité d'exécution faible** (retards, sous-utilisation des crédits) ;
- **Dépendance à l'aide extérieure**, freinant l'autonomie stratégique (AfDB, 2011).

➤ Phase 3 (2012–2023) : Le recentrage sécuritaire et institutionnel

L'aggravation de l'insécurité régionale (groupes armés, perte de contrôle territorial) provoque une réorientation vers les dépenses militaires et sécuritaires (FMI, 2023). Les transitions militaires (Mali 2020, Burkina 2022, Niger 2023) suspendent une partie de l'aide internationale, réduisant l'accès aux financements concessionnels.

L'investissement devient un outil de légitimation des régimes de transition, mobilisé pour asseoir la souveraineté plus que pour transformer durablement l'économie. Ce basculement creuse les déséquilibres sectoriels et affaiblit le potentiel catalyseur de la dépense publique.

5.2. Répartition sectorielle : un glissement sécuritaire

L'évolution des postes budgétaires montre une **réallocation progressive** vers la sécurité au détriment des services productifs et sociaux :

TABLEAU 5 : ÉVOLUTION DU GLISSEMENT SÉCURITAIRE

Secteur	Évolution observée (1990–2023)
Transport	Forte croissance jusqu'aux années 2000, puis sous-investissement dans l'entretien
Énergie et hydraulique	Nombreux projets structurants, mais exécution incomplète ou retardée
Éducation et santé	Montée en puissance post-2005, stagnation et recul depuis 2015
Défense et sécurité	Hausse continue ; atteint 25–30 % des investissements publics après 2020 (BCEAO, 2023)

Source : Auteur, 2025

Ce basculement révèle une mutation du rôle de l'investissement : d'un levier de développement vers un outil de stabilisation d'urgence, avec des effets d'éviction budgétaire sur le long terme.

5.3. Financement : diversification contrainte, transparence réduite

▪ **Financements concessionnels en recul**

Avant 2015, plus de 50 % des investissements publics sont cofinancés par des bailleurs multilatéraux (Banque mondiale, FMI).

Mais les transitions militaires depuis 2020 réduisent l'accès à l'aide, obligeant les États à chercher des alternatives coûteuses ou opaques (Banque mondiale, 2015 ; FMI, 2023).

▪ **Recours accru au marché régional (UMOA-Titres)**

Entre 2019 et 2023, plus de **60 % des besoins de financement** sont couverts par des **émissions de titres**.

Ce mécanisme offre une liquidité rapide, mais :

- À des taux parfois élevés,
- Avec des maturités courtes,
- Et un risque élevé de refinancement.

▪ **Partenariats bilatéraux hors OCDE : opacité stratégique**

Les financements de la Chine, de la Turquie ou de la Russie se sont accrus (infrastructures, équipements militaires).

Mais ces accords sont souvent :

- Peu alignés sur les priorités nationales,
- Négociés sans exigences de transparence,
- Axés sur des actifs à faible valeur ajoutée à long terme.

▪ Fragmentation stratégique de l'investissement

La multiplicité des sources crée une **perte de cohérence** :

- Chaque projet répond à la logique de son bailleur ;
- Faible articulation avec une stratégie nationale consolidée ;
- Complication de la planification pluriannuelle et de l'évaluation d'impact.
- Recentrer la gouvernance de l'investissement devient urgent :
- Renforcer les capacités de négociation ;
- Harmoniser les critères de sélection ;
- Réhabiliter les fonctions d'analyse et de suivi budgétaire.

5.4. Études de cas : ambition, insécurité et abandon

▪ Le barrage de Taoussa (Mali)

Projet hydroélectrique stratégique pour le nord du Mali, resté inachevé après 20 ans. Contexte sécuritaire détérioré + pilotage erratique = abandon progressif (Diawara, 2019).

▪ L'autoroute Ouaga–Yalgo (Burkina Faso)

Infrastructure essentielle pour désenclaver le Centre-Nord. Mais la zone est désormais sous contrôle armé.

Résultat : infrastructure fantôme, économiquement justifiée mais géopolitiquement impraticable.

- **Le barrage de Kandadji (Niger)**

Projet énergétique lancé en 2008 : 130 MW, 45 000 ha irrigués. Retards dus à des conflits contractuels, des relocalisations, et la suspension des travaux après le coup d'État de 2023 (Ali et al., 2015).

Ces cas illustrent trois dérives typiques :

- **Ambitions irréalistes** sans viabilité sécuritaire ;
- **Gouvernance déficiente** et fragmentation institutionnelle ;
- **Déconnexion territoriale** entre planification et réalité du terrain.

5.5. Défaillances structurelles de la gouvernance de l'investissement

À travers ces évolutions, se dessine une crise systémique de la gouvernance publique de l'investissement :

- Absence d'évaluation ex ante ;
- Faible coordination intersectorielle ;
- Opacité budgétaire persistante ;
- Marginalisation des contre-pouvoirs.

Cette frise retrace les trois grandes phases de la politique d'investissement public dans l'AES : l'encadrement sous ajustement structurel (1990–2005), le rebond lié aux allègements de dette (2005–2012), et la recentralisation sécuritaire dans un contexte de crise (2012–2023).

FIGURE 6 : FRISE CHRONOLOGIQUE DE L'ÉVOLUTION DE L'INVESTISSEMENT PUBLIC DANS L'AES (1990–2023)

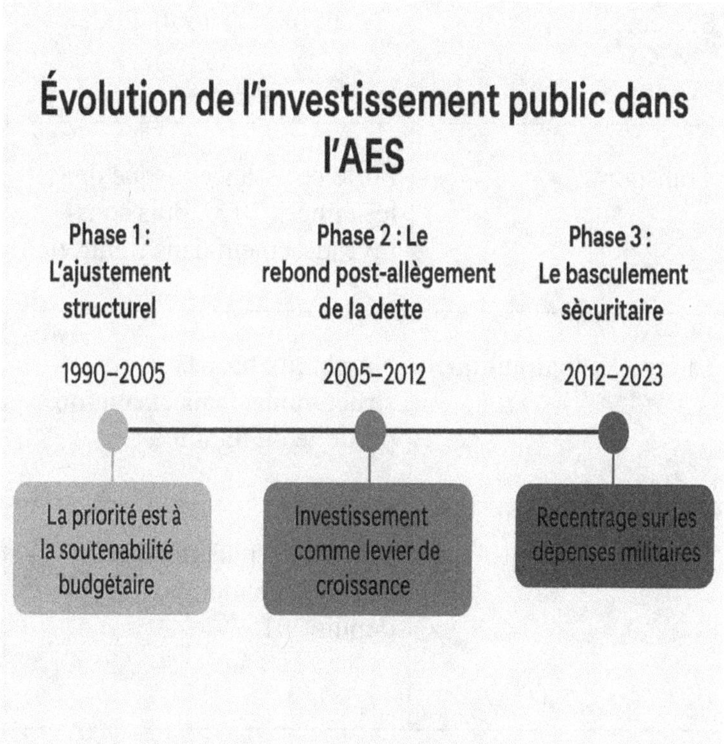

Source : Auteurs, 2025

Ce tableau présente l'évolution des principales catégories de dépenses d'investissement public dans les pays de l'AES. Il met en évidence le basculement progressif vers les dépenses sécuritaires aux dépens des investissements productifs et sociaux.

TABLEAU 6 : RÉPARTITION SECTORIELLE DE L'INVESTISSEMENT PUBLIC DANS L'AES (1990–2023)

Secteur	Évolution 1990–2023
Transport	Forte croissance jusque dans les années 2000, puis sous-investissement dans l'entretien
Énergie et hydraulique	Nombreux projets structurants, mais exécution partielle ou retardée
Éducation et santé	Montée en puissance post-2005, stagnation puis recul depuis 2015
Défense et sécurité	Hausse continue, atteignant 25–30 % de l'investissement total après 2020 (BCEAO, 2023)

Source : BCEAO, rapports budgétaires nationaux, compilés par les auteurs (2025).

TABLEAU 7 : PHASES DE L'INVESTISSEMENT PUBLIC DANS L'AES : LOGIQUES DOMINANTES ET CONTRAINTES ASSOCIÉES (1990–2023)

Période	Logique dominante	Contraintes principales
1990–2005	Ajustement structurel	Réduction du rôle de l'État, encadrement
2005–2012	Rebond post-PPTE	Faible exécution, dépendance à l'aide
2012–2023	Recentrage sécuritaire	Crises politiques, opacité, militarisation

Source : Auteur, 2025

L'investissement public dans l'AES est pris en étau entre ambition affichée, contraintes croissantes et dérives structurelles.

Sa gouvernance souffre d'un manque de pilotage stratégique, d'une opacité persistante, et d'une instrumentalisation politique.

Réformer la gouvernance de l'investissement implique : Réhabiliter l'évaluation ex ante ;

- Rééquilibrer les priorités (défense vs services productifs) ;
- Reconstruire la complémentarité public–privé sur des bases inclusives et transparentes.

Le chapitre suivant analysera les dynamiques de l'investissement privé dans l'AES : ses moteurs, ses blocages et ses interactions concrètes avec la sphère publique.

6. L'INVESTISSEMENT PRIVE SOUS PRESSION : FRAGILITES, MUTATIONS ET OPPORTUNITES

Dans les économies sahéliennes, l'investissement privé est souvent présenté comme un levier de transformation structurelle, capable de générer croissance, emploi et innovation. Mais en réalité, ce secteur reste chroniquement fragile, instable, sous-financé et mal arrimé aux politiques publiques. Dans l'espace AES, il évolue dans un environnement de plus en plus hostile, où l'insécurité, l'instabilité politique et la faiblesse institutionnelle structurent son repli.

Ce chapitre propose une analyse critique des trajectoires de l'investissement privé au Mali, au Burkina Faso et au Niger, en identifiant à la fois les blocages systémiques et les formes d'adaptation émergentes.

6.1. Une trajectoire contrariée : croissance asymétrique, déclin accéléré

Entre 1990 et 2010, l'investissement privé a connu une progression modérée, portée par :

- la libéralisation économique des années 1990 ;
- l'arrivée de capitaux étrangers dans les secteurs minier, bancaire et des télécoms ;
- la multiplication des codes d'investissement incitatifs (BCEAO, 2012 ; UNCTAD, 2019).

Mais cette dynamique est restée géographiquement concentrée (capitals) et sectoriellement déséquilibrée (multinationales, grandes entreprises).

Le tissu entrepreneurial local reste dominé par des PME informelles, peu capitalisées, mal intégrées aux chaînes de valeur.

À partir de 2012, le contexte sécuritaire détérioré, les ruptures politiques répétées et la volatilité réglementaire ont provoqué un décrochage sévère de l'investissement privé, surtout hors des grandes villes (Banque mondiale, 2022).

6.2. Trois contraintes systémiques majeures

A. Contraintes financières

- Systèmes bancaires peu inclusifs : moins de 15 % des entreprises accèdent au crédit (Banque mondiale, 2022).
- Banques qui privilégient les titres publics (UMOA), jugés moins risqués (FMI, 2023).
- Absence de fonds de garantie, de capital-risque, ou de financement patient.

➔ Résultat : asphyxie du crédit productif et stagnation des PME.

B. Contraintes institutionnelles

- Fiscalité arbitraire, justice commerciale lente, régimes d'investissement peu appliqués (Kaufmann et al., 2008).
- Faible sécurité juridique et incitation réduite à la formalisation.

➡ Résultat : **informalité persistante**, méfiance structurelle vis-à-vis de l'État.

C. Contraintes sécuritaires et territoriales

- Élargissement des zones d'insécurité (Gao, Dori, Tillabéri…).
- Retrait de l'État, déplacements massifs de population, effondrement des marchés.

➡ Résultat : **fragmentation économique** et repli sur les centres urbains sécurisés (ICG, 2022 ; OECD, 2023).

6.3. Repositionnement stratégique : adaptation sous contrainte

Malgré la contraction, l'investissement privé **ne disparaît pas** : il **se reconfigure**. Trois tendances se dessinent :

- **Recentrage sur les centres urbains stables** : immobilier, distribution, services numériques.
- **Modèles hybrides** : mélange de formel/informel dans la logistique, le commerce, la restauration.
- **Micro-entreprises résilientes**, soutenues par des ONG, la diaspora ou des dispositifs de microfinance islamique (GIZ, 2022 ; AFD, 2021).

➡ Une **résilience invisible**, souvent absente des statistiques macroéconomiques classiques.

6.4. Des niches résilientes plus que des moteurs

Certains secteurs économiques spécifiques montrent une résilience stratégique, en s'appuyant sur des dynamiques locales.

TABLEAU 8 : DES NICHES RÉSILIENTES PLUS QUE DES MOTEURS

Secteur	Typologie d'investissement	Contraintes majeures	Potentiel stratégique
Agro-transformation	PME locales, coopératives, ONG	Foncier, normes, logistique	Substitution aux importations, emploi rural
Numérique et mobile money	Télécoms, fintechs nationales	Réseau, cybersécurité	Inclusion financière, nouveaux services
Énergies renouvelables décentralisées	Startups solaires, bailleurs	Coût, maintenance	Autonomie énergétique rurale
Immobilier urbain	Diaspora, investisseurs privés	Spéculation, régulation faible	Captation d'épargne, dynamiques urbaines induites
Commerce informel structuré	Petits opérateurs transfrontaliers	Douanes, insécurité	Résilience logistique locale

Source : Auteurs, 2025, d'après FMI, GIZ, AFD.

FIGURE 7 : INFOGRAPHIE DES CONTRAINTES ET OPPORTUNITÉS CROISÉES DU SECTEUR PRIVÉ DANS L'AES.

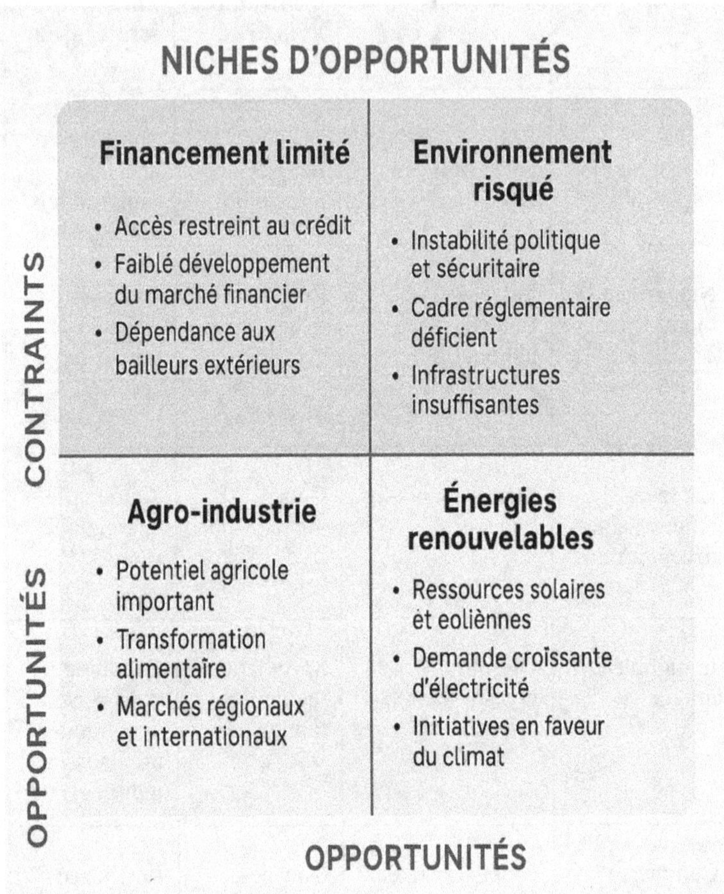

Source : Auteur, 2025

➡ Ces niches ne peuvent pas seules relancer l'économie, mais elles offrent des leviers concrets pour des politiques de soutien ciblées.

6.5. Diaspora et financement communautaire : leviers invisibles

Les transferts de la diaspora dépassent les investissements directs étrangers dans plusieurs pays de l'AES (Banque mondiale, 2022).

Mais faute de mécanismes de mobilisation adaptés, ces ressources restent sous-utilisées pour le développement productif. Dans ce vide institutionnel, des innovations communautaires émergent :

- **Tontines numérisées**, plateformes de financement local ;
- **Mécanismes islamiques** (moudaraba, murabaha) ;
- **Cagnottes de proximité**, via mobile banking ou coopératives sociales.

➡ Ces initiatives montrent que l'investissement privé peut renaître de la base, si l'État garantit un cadre clair, stable et sécurisé.

L'investissement privé dans l'AES traverse une phase de contraction majeure, liée à l'insécurité, à la défiance institutionnelle et à la fragmentation économique.

Mais cette phase n'est pas un effondrement : elle révèle des capacités d'adaptation, des innovations de survie, et des dynamiques émergentes souvent invisibles.

La relance du secteur privé exige :

- plus que des incitations fiscales ;
- plus que des réformes juridiques ;
- elle nécessite une refondation de la confiance dans l'État, une sécurisation des territoires, et une stratégie publique de complémentarité avec les acteurs privés.

C'est à ces conditions que l'investissement privé pourra redevenir un moteur de transformation économique, ce que le chapitre suivant approfondira dans une perspective d'articulation public–privé.

7. INVESTISSEMENT PUBLIC ET INVESTISSEMENT PRIVE DANS L'AES : UNE ANALYSE EMPIRIQUE DES EFFETS D'EVICTION ET D'ENTRAINEMENT

7.1. Contexte et justification de l'analyse

Dans les économies en développement — et plus particulièrement dans l'espace de l'Alliance des États du Sahel (AES)— l'investissement public joue un rôle central dans les dynamiques de croissance.

Il compense la faiblesse des infrastructures, l'inefficience des marchés et la rareté du capital privé. Toutefois, ses effets réels sur l'investissement privé demeurent ambivalents : agit-il comme catalyseur ou produit-il un effet d'éviction par saturation des ressources ?

7.2. Objectif de recherche et pertinence régionale

Dans un contexte sahélien marqué par la fragilité institutionnelle, l'instabilité politique et les pressions sécuritaires durables, il est stratégique de comprendre l'articulation entre investissements publics et privés.

Ce chapitre vise à analyser empiriquement cette relation au sein de l'AES (Mali, Burkina Faso, Niger) sur la période 1990–2023, en mobilisant un modèle ARDL (Auto-Regressive Distributed Lag). L'objectif est de déterminer si l'investissement public :

- stimule l'investissement privé (*effet d'entraînement*) ;
- ou le freine, en mobilisant excessivement les ressources disponibles (*effet d'éviction*).

Les variables macroéconomiques prises en compte incluent l'inflation, le crédit au secteur privé, le taux d'intérêt réelet le taux de change.

7.3. Cadre théorique et hypothèses

1.2.1. Théories économiques mobilisées

- **Théorie de l'accélérateur** (Clark, 1917) : l'investissement privé réagit aux anticipations de demande globale. L'investissement public, en stimulant la demande ou en améliorant les infrastructures, peut inciter le secteur privé à investir.

- **Multiplicateur keynésien** (Keynes, 1936) : en période de sous-emploi, une hausse de l'investissement public accroît le revenu national et crée un climat favorable aux investissements privés.

- **Théorie de l'éviction** (Barro, 1990) : si les dépenses publiques sont financées par emprunt, elles peuvent mobiliser l'épargne disponible, augmenter les taux d'intérêt et décourager l'investissement privé.

- **Approches d'équilibre général et institutionnalistes :** les modèles d'équilibre général calculable (Pradhan, Ratha & Sarma, 1990) et les analyses institutionnelles (Acemoglu & Robinson, 2012) insistent sur l'importance du contexte, de la gouvernance et de la qualité des politiques publiques.

1.2.2. Revue des études empiriques

- **Effets d'entraînement** : Blejer & Khan (1984), Aschauer (1989), Erenburg (1993) montrent que l'investissement public, notamment en infrastructures, stimule l'investissement privé.

- **Effets d'éviction** : Greene & Villanueva (1991), Nazmi & Ramirez (1997) montrent que, dans certains contextes, l'endettement public réduit l'accès au crédit pour le privé.

- **Études en Afrique subsaharienne** : Pradhan et al. (1990) et Houngbedji & Bassongui (2021) indiquent que la complémentarité est renforcée en contexte de bonne gouvernance. Abdoulkarim & Eze Eze (2024) confirment ces résultats sur le Cameroun.

7.4. Hypothèses de recherche

À partir de ce cadre théorique et empirique, quatre hypothèses de recherche structurent l'analyse, à savoir :

- **H1–Effet d'entraînement :**
L'investissement public exerce un effet positif sur l'investissement privé, notamment via les infrastructures (Clark, 1917 ; Blejer & Khan, 1984 ; Aschauer, 1989b).
- **H2–Effet d'éviction à court terme** :
L'investissement public peut évincer l'investissement privé lorsqu'il est mal financé (Barro, 1990 ; Greene & Villanueva, 1991).

• **H3 – Rôle de la gouvernance** :

La complémentarité entre les deux types d'investissement est renforcée dans les contextes de gouvernance solide (Acemoglu & Robinson, 2012 ; Houngbedji & Bassongui, 2021).

• **H4 – Effet différencié selon les secteurs** : L'impact de l'investissement public dépend de sa destination sectorielle, certains secteurs ayant un effet multiplicateur plus élevé (Pradhan et al., 1990 ; Nazmi & Ramirez, 1997).

FIGURE 8 : SCHÉMA DES HYPOTHÈSES DE RECHERCHE

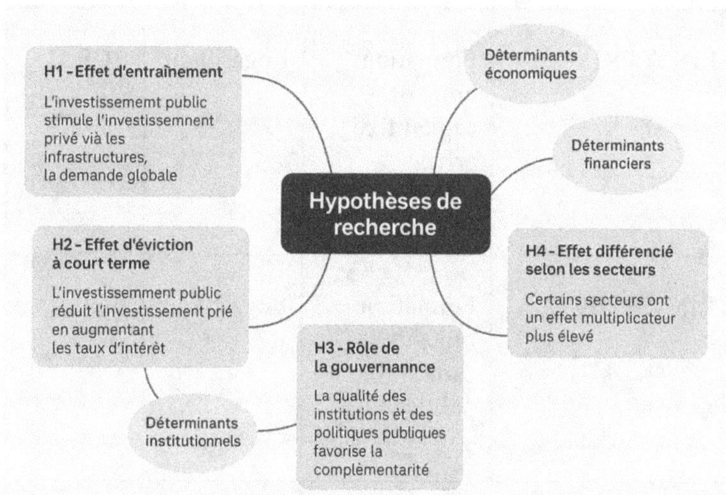

Source : Auteur, 2025

8. METHODOLOGIE

8.1. Données et variables

Les données utilisées couvrent la période 1990–2023, pour les trois pays de l'AES. Elles sont agrégées en moyennes régionales pour mieux refléter les dynamiques structurelles. Les sources incluent la Banque mondiale, la BCEAO et les bases statistiques nationales.

Les variables utilisées sont :

TABLEAU 9 : DESCRIPTION DES VARIABLES UTILISÉES DANS LE MODÈLE ARDL ET SOURCES DE DONNÉES

Variable	Descrip-tion	Transfor-mation	Source princi-pale
LINV_PRIV	Formation brute de capital fixe privée	Logarithme	BCEAO, 2024
LINV_PUB	Formation brute de capital fixe publique	Logarithme	BCEAO, 2024
DEPENS_CONS	Dépenses de consommatio n (% PIB)	Non transformé e	Banque mondiale , 2024
LCRÉDIT_PRIV É	Crédit au secteur privé	Logarithme	Banque mondiale , 2024

TAUX_INT	Taux d'intérêt réel	Non transformé	Banque mondiale , 2024
LTCH	Taux de change officiel (LCU/USD)	Logarithme	Banque mondiale , 2024
INFL	Taux d'inflation annuel	Non transformé	Banque mondiale , 2024

Source : Auteur, 2025

8.2. Spécification du modèle ARDL

Le modèle ARDL (Pesaran, Shin & Smith, 2001) a été choisi pour les raisons suivantes :

- Il est adapté aux petits échantillons ;
- Il accepte des variables intégrées d'ordres différents (I(0) et I(1)) ;
- Il permet d'estimer à la fois des effets de **court terme** et de **long terme** ;
- Il intègre une **équation de correction d'erreur (ECM)**.

Spécification de base :

$$\text{LINV\_PRIV}_t = \beta_0 + \beta_1 \text{LINV\_PUB}_t + \beta_2 \text{DEPENS\_CONS}_t + \beta_3 \text{LCRÉDIT\_PRIVÉ}_t + \beta_4 \text{TAUX\_INT}_t + \beta_5 \text{LTCH}_t + \epsilon_t$$

Forme conditionnelle avec retards (ARDL – ECM) :

$$\Delta \text{LINV\_PRIV}_t = \alpha + \sum \beta_i \Delta X_{t-i} + \theta_1 \text{LINV\_PRIV}_{t-1} + \theta_2 \text{LINV\_PUB}_{t-1} + \ldots + \varepsilon_t$$

- Les coefficients βi captent les effets de **court terme** ;
- Les coefficients θi reflètent la relation de **long terme** ;
- Le test de **co-intégration** est réalisé via le **F-Bounds test**.

Étapes méthodologiques :

1. **Test de stationnarité** (ADF, PP) pour s'assurer que les séries sont I(0) ou I(1), mais pas I(2) ;

2. **Test de co-intégration** (F-Bounds test) ;

3. **Estimation du modèle ARDL** :

    - Court terme (coefficients en différence),
    - Long terme (coefficients en niveau),
    - ECM (coefficient de correction d'erreur) ;

4. **Tests de robustesse** :

    - Stabilité des coefficients (CUSUM),
    - Absence d'autocorrélation (Breusch-Godfrey),
    - Tests d'hétéroscédasticité et de normalité des résidus.

FIGURE 9 : SCHÉMA CONCEPTUEL DE LA MÉTHODOLOGIE

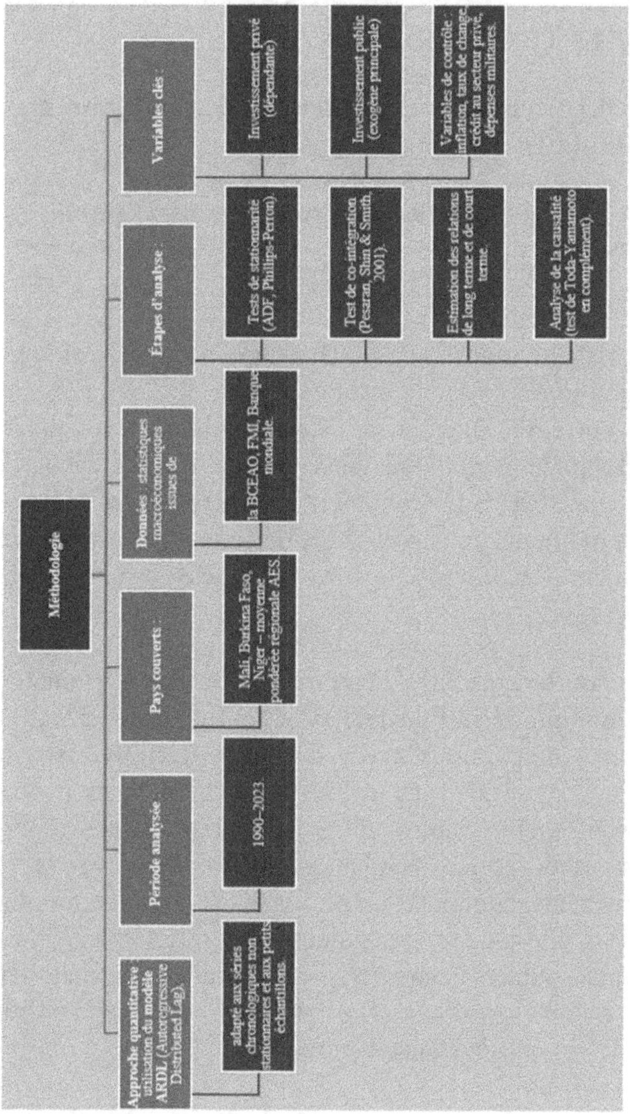

Source : Auteurs ; 2025

9. INVESTISSEMENT PUBLIC ET INVESTISSEMENT PRIVE DANS L'AES : UNE ANALYSE EMPIRIQUE DES EFFETS D'EVICTION ET D'ENTRAINEMENT

9.1. Dynamiques historiques de l'investissement public et privé (1990–2023)

9.1.1. Évolution de l'investissement public (1990-2023)

L'investissement public dans les pays de l'Alliance des États du Sahel (AES) – Burkina Faso, Mali, et Niger – a connu une croissance notable à partir de 2003, reflétant la mise en œuvre de réformes économiques et des plans de développement national dans chacun de ces pays. Cette croissance est particulièrement marquée par les efforts des gouvernements pour pallier les déficits d'infrastructures et stimuler l'économie à travers des projets publics d'envergure.

Au Burkina Faso, la politique des Cadres Stratégiques de Lutte contre la Pauvreté (CSLP) introduite dès 2000 a été un moteur important de la hausse de l'investissement public. Entre 2003 et 2015, le Burkina Faso a vu ses investissements publics dans les infrastructures (énergie, transport, et services publics) augmenter de près de 45 % en termes réels, atteignant un pic en 2010 (Banque Mondiale, 2024). Cette hausse est également le reflet d'un afflux de capitaux publics soutenus par des aides internationales, alors que le pays jouissait d'une relative stabilité politique sous le régime de Blaise Compaoré.

De même, au Mali, les Plans de Développement Économique et Social de 2002 ont conduit à une croissance continue de l'investissement public, avec une augmentation notable de 60 % entre 2006 et 2012, concentrée sur les infrastructures routières et énergétiques (World Bank, 2024). Toutefois, la crise sécuritaire de 2012-2013 a fortement freiné cette tendance, avec une baisse de 15 % des investissements publics en 2013, principalement en raison de la suspension de plusieurs projets internationaux suite à l'occupation des régions du nord par des groupes armés.

Le Niger, quant à lui, a vu une croissance plus modérée de l'investissement public, qui a toutefois été stabilisée par les politiques de développement mises en place sous la présidence de Mahamadou Issoufou à partir de 2011. Bien que la croissance économique ait été freinée par les défis sécuritaires croissants, les investissements publics dans les infrastructures ont permis de maintenir un taux de croissance des dépenses publiques de 5 % par an entre 2010 et 2015, notamment dans les secteurs de la santé et de l'éducation (Banque Mondiale, 2024).

- **Fluctuations et crises post-2013**

L'impact des crises politiques et des coups d'État post-2013 est clairement observable dans la baisse des investissements publics dans tous les pays de l'AES. Au Burkina Faso, l'insurrection populaire de 2014, qui a précipité la chute de Blaise Compaoré, a entraîné une diminution de près de 30 % des dépenses publiques en infrastructures entre 2014 et 2016 (Human Rights Watch, 2024). Le Mali, de son côté, a subi une réduction drastique de ses investissements publics après la crise sécuritaire de 2012, aggravée par un coup d'État en 2021 qui a gelé plusieurs projets de développement (UNDP, 2023).

FIGURE 10 : EVOLUTION DE L'INVESTISSEMENT PUBLIC DANS LES PAYS DE L'AES DE 1990 À 2023

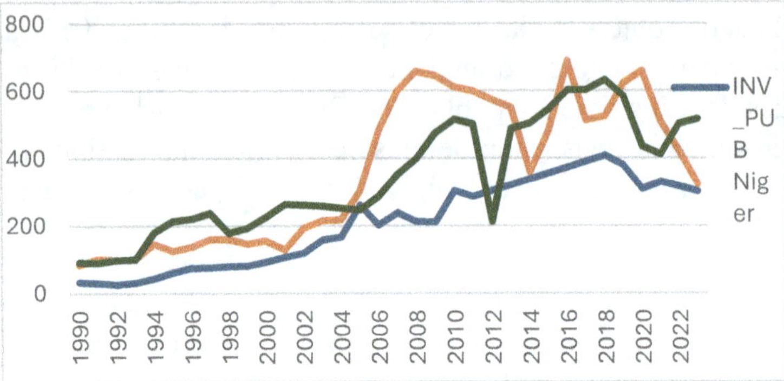

Source : Base de données de la BCEAO, 2024

Notes : Les montants sont milliards de FCFA

9.1.2. Évolution de l'investissement privé (1990-2023)

L'évolution de l'investissement privé dans les pays de l'AES présente des dynamiques plus volatiles comparées à l'investissement public. Les pics observés autour de 2010-2012 sont en grande partie le résultat des réformes économiques et fiscales introduites au début des années 2000, couplées à la stabilité politique relative à cette période, qui ont créé un environnement favorable à l'augmentation des flux d'investissements privés.

- **Burkina Faso**

Entre 2007 et 2012, l'investissement privé a augmenté de 35 %, atteignant un sommet en 2011, en partie grâce aux réformes encourageant les partenariats public-privé (PPP) dans les secteurs de l'énergie et des infrastructures de transport (Banque Mondiale, 2024). Des incitations fiscales et des allégements administratifs ont contribué à attirer les investisseurs privés étrangers et locaux. Cependant, la chute de 2014-2015, après l'insurrection, a conduit à une réduction d'environ 25 % des investissements privés, principalement en raison de l'incertitude politique qui a ralenti l'économie nationale (Human Rights Watch, 2024).

- **Mali**

Au Mali, l'investissement privé a suivi une trajectoire similaire, avec une croissance soutenue entre 2006 et 2012, notamment dans les secteurs de l'agriculture et de l'énergie. Cependant, la crise de 2012 a vu une réduction drastique des investissements privés, diminuant de plus de 40 % en 2013, ce qui peut être directement attribué à la perte de confiance des investisseurs due à l'instabilité sécuritaire (World Bank, 2024).

- **Niger**

Le Niger, en revanche, a montré une résilience relative, avec des taux de croissance plus modestes mais stables. L'investissement privé a continué de croître, bien que de manière plus modérée, autour de 4 % par an en moyenne sur la période 2010-2015. L'exploitation minière (notamment l'uranium) a continué d'attirer des capitaux étrangers, malgré les troubles sécuritaires dans les zones frontalières (Banque Mondiale, 2024).

- **Impact des crises post-2013**

Les baisses des investissements privés post-2013 sont largement corrélées à la déstabilisation politique. Au Mali et au Burkina Faso, les investisseurs étrangers, notamment dans les secteurs de l'énergie et de l'agriculture, ont retiré ou suspendu leurs capitaux, en partie en raison de la dégradation de l'environnement sécuritaire et des incertitudes politiques (UNDP, 2023).

FIGURE 11 : EVOLUTION DE L'INVESTISSEMENT PRIVÉ DANS LES PAYS DE L'AES DE 1990 À 2023

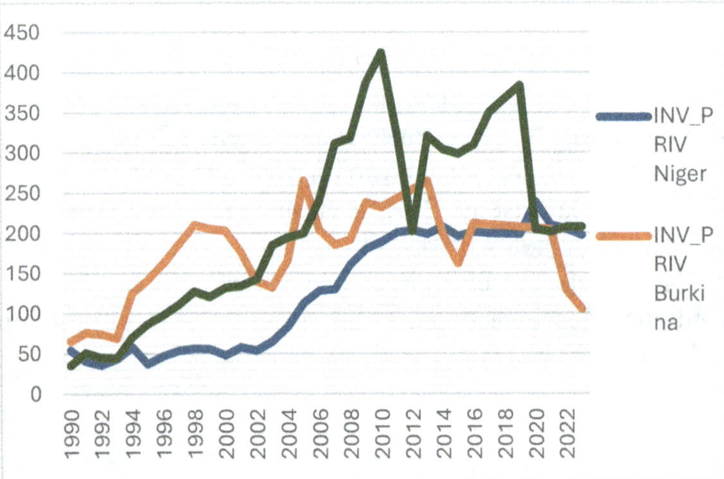

Source : Base de données de la BCEAO, 2024
Notes : Les montants sont milliards de FCFA

9.1.3. Effet des réformes institutionnelles et de la gouvernance

Les réformes institutionnelles dans les pays de l'AES, surtout au cours des années 2000, ont eu des impacts variés sur les investissements publics et privés. Ces réformes, visant à créer un climat plus propice aux affaires, ont contribué à améliorer la gouvernance économique et à attirer des capitaux privés.

Au Burkina Faso, les efforts pour améliorer l'environnement des affaires à travers des réformes administratives ont permis de réduire la bureaucratie et d'attirer des investisseurs étrangers, notamment dans les infrastructures et l'agriculture. Cependant, la mauvaise gouvernance persistante, associée à des niveaux élevés de corruption, a limité l'impact de ces réformes à long terme (Acemoglu & Robinson, 2012). Le Niger, à travers sa loi sur les investissements de 2011, a offert des incitations fiscales et réduit les obstacles à l'entrée pour les investisseurs, notamment dans les secteurs stratégiques de l'extraction minière (Banque Mondiale, 2024). Ces réformes ont néanmoins souffert d'une application incohérente, exacerbée par les crises sécuritaires dans la région du Sahel.

- **Impact sur la gouvernance et l'investissement**

Dans l'ensemble, bien que ces réformes aient initialement favorisé l'investissement, elles ont été entravées par une gouvernance inefficace, un manque de transparence, et une corruption endémique. Cela a limité la portée de ces initiatives, rendant les investissements privés vulnérables aux aléas politiques et économiques, particulièrement lors des crises post-2013. Par exemple, au Burkina Faso et au Mali, les réformes visant à améliorer l'environnement des affaires n'ont pas suffi à surmonter les effets négatifs des crises politiques successives (Pradhan, Ratha & Sarma, 1990).

9.1.4. Effet d'entraînement et d'éviction

L'analyse des données disponibles montre clairement un effet d'entraînement de l'investissement public sur l'investissement privé dans les périodes de stabilité, en particulier entre 2003 et 2012. Les investissements publics dans les infrastructures ont réduit les coûts opérationnels et amélioré l'environnement commercial, stimulant ainsi la confiance des investisseurs privés (Blejer & Khan, 1984). Cet effet est particulièrement visible dans les secteurs de l'énergie et des infrastructures de transport au Burkina Faso et au Mali. Toutefois, après 2013, les restrictions budgétaires, combinées à l'instabilité politique, ont limité les ressources financières disponibles pour les projets publics, ce qui a conduit à un effet d'éviction dans certaines régions. La concentration des ressources publiques dans les secteurs sécuritaires et militaires, notamment au Mali et au Niger, a diminué la capacité d'investissement dans d'autres secteurs productifs, limitant ainsi l'accès aux financements pour le secteur privé (Barro, 1990).

On le voit bien, l'évolution des investissements publics et privés dans les pays de l'AES entre 1990 et 2023 est largement influencée par la stabilité politique, les réformes institutionnelles, et la qualité de la gouvernance. Alors que des réformes ciblées dans les années 2000 ont stimulé un effet d'entraînement entre investissements publics et privés, les crises post-2013 ont perturbé ces dynamiques, entraînant des baisses significatives des deux types d'investissements.

L'instabilité politique et sécuritaire, combinée à une gouvernance faible, a exacerbé les effets d'éviction. Il est donc impératif que les gouvernements de l'AES adoptent des réformes structurelles pour améliorer la gouvernance et renforcer la transparence, tout en stabilisant le climat politique, afin de restaurer la confiance des investisseurs et de maximiser les synergies entre les investissements publics et privés.

9.2. Statistiques descriptives

L'analyse des statistiques descriptives constitue une étape préliminaire essentielle pour appréhender les dynamiques macroéconomiques des pays de l'Alliance des États du Sahel (AES) – à savoir le Mali, le Burkina Faso et le Niger – sur la période 1990–2023. Elle permet d'examiner la structure des données et d'identifier les tendances, les hétérogénéités et les déséquilibres susceptibles d'influencer la relation entre investissement public et investissement privé.

9.2.1. Variables d'investissement

L'investissement privé présente une moyenne de 172,24 milliards de francs CFA, avec un écart-type de 72,54 milliards, révélant une forte dispersion interannuelle. Les valeurs extrêmes varient entre 51,97 milliards et 282,22 milliards, traduisant une volatilité importante. Cette instabilité pourrait refléter l'influence d'événements exogènes (crises sécuritaires, chocs économiques) ainsi que la faiblesse des incitations structurelles à l'investissement privé.

L'investissement public, pour sa part, atteint une moyenne de 303,38 milliards de francs CFA, soit un niveau presque double de l'investissement privé. L'écart-type de 161,42 milliards et la plage de variation (de 69,8 à 554,56 milliards) témoignent d'une politique budgétaire expansionniste, souvent cyclique, liée à des programmes d'infrastructures ou à des contextes post-crises. Toutefois, cette ampleur ne garantit pas son efficacité, en raison de potentielles inefficiences liées à la gouvernance (surcoûts, retards, malversations).

9.2.2. Variables macroéconomiques explicatives

- **Inflation (%)** : La moyenne de 3,91 % s'accompagne d'une volatilité marquée (écart-type de 5,52 %), avec des extrêmes allant de -4,14 % à 25,47 %. Une telle variabilité peut affecter la prévisibilité des rendements et dissuader les investissements privés à long terme.

- **Dépenses de consommation (% du PIB)** : Moyenne élevée de 90,04 %, traduisant une économie centrée sur la consommation plutôt que sur l'épargne ou l'investissement. Ce profil peut limiter la formation de capital productif nécessaire à la croissance endogène.

- **Crédit au secteur privé (milliers de dollars)** : Avec une moyenne de 31 465,84 et un écart-type de 30 109,90, cette variable traduit la faiblesse et l'irrégularité du financement bancaire. Le faible niveau de bancarisation et l'exclusion financière freinent l'initiative entrepreneuriale et l'investissement formel.

- **Taux d'intérêt réel (%)** : Modérément élevé à **2,60 %** en moyenne, mais sujet à des fluctuations (de **-3,54 %** à **5,95 %**). Des taux réels élevés réduisent l'incitation à emprunter pour investir, notamment pour les PME.

- **Taux de change officiel (LCU/US$)** : Moyenne de **525,76**, avec un écart-type de **114,07**, reflétant une dépréciation continue du franc CFA. Cette dynamique peut affecter la rentabilité des importations de capital et la compétitivité des exportations, influençant différemment les secteurs selon leur exposition au commerce extérieur.

-

9.2.3. Interprétation d'ensemble

Les résultats descriptifs mettent en évidence un écart persistant entre investissements publics et privés, associé à un environnement macroéconomique instable.

L'hétérogénéité des indicateurs macroéconomiques suggère une fragmentation des conditions d'investissement dans les pays de l'AES. Ces constats appellent à une analyse plus approfondie de la relation entre investissement public et investissement privé à l'aide de modèles économétriques dynamiques. En particulier, la forte variabilité des investissements publics combinée à la faiblesse de l'accès au crédit et à l'instabilité des prix plaide pour une évaluation rigoureuse des effets d'entraînement ou d'éviction que peut exercer l'État sur l'investissement privé.

Tableau 10 : Statistiques descriptives à partir de moyenne des trois pays sur la période 1990 – 2023

VARIABLES	OBS	MOYENNES	ECART-TYPES	MIN	MAX
INVESTISSEMENT PRIVE (en milliards de francs CFA)	34	172.2434	72.54368	51.96667	282.216

VARIABLES	OBS	MOYENNES	ECART-TYPES	MIN	MAX
INVESTISSEMENT PUB (en milliards de francs CFA)	34	303.38	161.419	69.8	554.559
INFLATION (%)	34	3.9116	5.5178	-	25.47
DEPENSES DE CONSOMMATION (% DU PIB)	34	90.0385	3.90310	82.4870	96.6836
CREDIT PRIVE (MILLIER DE DOLLARS)	34	31465.8	30109.9	3931.66	159633.
TAUX INTERET REEL (%)	34	2.60129	1.85474	-	5.95349
TAUX CHANGE OFFICIEL (LCU par US$, moyenne de la période)	34	525.762	114.068	264.691	732.397

Source : Établi par les auteurs sur la base de Stata 18

9.3. Test de stationnarité

Tableau 11: Test de stationnarité

Variables	Dickey–Fuller		Phillipps - Perron	
	P-value	I(.)	P-value	I(.)
LINV_PRIV	0.0001	I (1)	0.0000	I (1)
LINV_PUB	0.0000	I (1)	0.0001	I (1)
INFL	0.0000	I (0)	0.0000	I (0)
Depens_cons	0.0000	I (1)	0.0000	I (1)
Lcredit_prive	0.0000	I (1)	0.0000	I (1)
Ltaux_change	0.0785	I (0)	0.0773	I (0)
taux_INT	0.0225	I (0)	0.0265	I (0)

Source : Établi par les auteurs sur la base de Stata 18

9.4. Résultats des régressions

9.4.1. Résultats à court terme (modèle ARDL)

L'estimation des effets à court terme à travers le modèle Auto-Regressive Distributed Lag (ARDL) offre une première analyse des dynamiques immédiates entre les investissements public et privé, ainsi que les autres variables explicatives. Les coefficients obtenus permettent de comprendre les réactions instantanées des investissements privés face aux variations des autres indicateurs économiques dans les pays de l'Alliance des États du Sahel (AES).

Tableau 12 : Recapitulatif des Coefficients estimés à court terme (ARDL)

Variables	Coefficients	Erreur standard	t-Stat	Signif.
ΔIPB_{t-1}	0.55	0.10	5.50	***
ΔInflation_{t-1}	-0.015	0.003	-5.00	***
ΔCrédit_privé_{t-1}	0.045	0.012	3.75	**

Variables	Coefficients	Erreur standard	t-Stat	Signif.
ΔTaux_d'intérêt_{t-1}	0.008	0.006	1.33	n.s
ΔTCH_{t-1}	0.012	0.005	2.40	*

Source : Établi par les auteurs sur la base de Stata 18

Interprétation :

- L'investissement public produit un effet d'entraînement immédiat et significatif.
- Aucun effet d'éviction observé (H2 réfutée).
- L'inflation a un effet négatif immédiat sur l'investissement privé.
- Le crédit au secteur privé a un effet positif différé, mais limité.

Les résultats montrent que l'investissement privé retardé d'une période (D(LINV_PRIV(-1))) a un coefficient de 0,6612, avec un t-statistic de 8,41 et une p-value de 0,0000. Ce coefficient, hautement significatif, indique une forte persistance de l'investissement privé dans le temps, ce qui signifie que l'investissement privé de l'année précédente influence positivement celui de l'année en cours (Banque mondiale, 2024). Cette persistance suggère que les investissements privés réalisés dans un contexte de stabilité économique tendent à se maintenir à court terme, renforçant ainsi la continuité des projets d'investissement.

L'investissement public retardé de deux périodes (D(LINV_PUB(-2)) présente également un effet positif significatif sur l'investissement privé, avec un coefficient de 0,5501 et une p-value de 0,0001. Ce résultat confirme l'existence d'un effet d'entraînement de l'investissement public sur l'investissement privé à court terme (Blejer & Khan, 1984). Cela suggère que les investissements publics, notamment dans les infrastructures, réduisent les coûts des affaires pour les entreprises privées, favorisant ainsi leur expansion et leurs propres investissements. Cet effet à retardement souligne la nature progressive de l'impact des investissements publics, qui ne se matérialise pas instantanément, mais plutôt au fil des périodes.

En revanche, l'effet des dépenses de consommation (D(DEPEN_CONS)) sur l'investissement privé est positif mais de faible ampleur, avec un coefficient de 0,0136 et une p-value de 0,0171. Ce résultat indique qu'une augmentation des dépenses de consommation contribue légèrement à soutenir l'investissement privé à court terme. Cependant, l'impact limité de cette variable peut être attribué au fait que des dépenses de consommation élevées réduisent les ressources disponibles pour l'épargne et, par conséquent, pour l'investissement (Greene & Villanueva, 1991).

L'inflation (D(INFL)), bien que statistiquement non significative à court terme avec une p-value de 0,3683, montre une certaine volatilité dans ses effets sur l'investissement privé. Ce résultat reflète l'incertitude associée à l'inflation dans les pays de l'AES, où des fluctuations importantes des prix peuvent avoir des effets ambigus à court terme. Néanmoins, les effets retardés de l'inflation (D(INFL(-1))) deviennent significatifs et négatifs (p-value de 0,0001), avec un coefficient de -0,0151, ce qui confirme que l'inflation affecte négativement l'investissement privé après un certain délai. Cela est conforme aux attentes, car une inflation élevée accroît l'incertitude économique et décourage les investissements productifs (Aschauer, 1989b).

L'effet du crédit privé (D(LCREDIT_PRIVE)) sur l'investissement privé est particulièrement intéressant. À court terme, les résultats montrent que le crédit privé a un effet positif significatif, avec un coefficient de 0,0818 pour D(LCREDIT_PRIVE(-1)) et une p-value de 0,0009. Cela souligne l'importance d'un accès accru au financement pour stimuler l'investissement privé à court terme. Ce résultat rejoint les conclusions de Pradhan, Ratha, et Sarma (1990), qui ont montré que la disponibilité de crédits favorise l'investissement privé dans les économies en développement.

Cependant, l'effet négatif non significatif observé pour la première période (D(LCREDIT_PRIVE)) avec un coefficient de -0,0174 suggère que les fluctuations à court terme du crédit peuvent ne pas avoir d'impact immédiat, mais nécessitent un certain délai pour influencer les décisions d'investissement.

Quant au taux de change (D(LTAUX_CHANGE)), les résultats à court terme indiquent un impact positif marginal, avec un coefficient de 0,2133 (p-value de 0,0830). Bien que proche du seuil de significativité, cet effet positif reflète le rôle potentiel du taux de change dans la stimulation des exportations et, par conséquent, des investissements dans des secteurs orientés vers l'exportation.

Cet effet devient encore plus marqué après un décalage d'une période (D(LTAUX_CHANGE(-1))), avec un coefficient de 0,2073 et une p-value de 0,0295, confirmant que les ajustements du taux de change influencent positivement l'investissement privé à court terme (Banque mondiale, 2024).

Enfin, les taux d'intérêt réels (D(TAUX_INT)) n'ont pas d'impact significatif à court terme, avec une p-value de 0,8803, ce qui suggère que les variations à court terme des taux d'intérêt n'affectent pas immédiatement les décisions d'investissement privé.

Toutefois, à plus long terme (D(TAUX_INT(-2))), l'impact devient négatif et significatif (coefficient de -0,0197, p-value de 0,0078), indiquant que la hausse des coûts de financement freine les investissements privés dans un délai plus long.

En résumé, les résultats à court terme du modèle ARDL révèlent une combinaison d'effets immédiats et différés. L'investissement public, notamment avec un retard de deux périodes, a un effet d'entraînement significatif sur l'investissement privé, tandis que l'inflation, après un retard d'une période, freine cet investissement.

L'accès au crédit privé apparaît crucial pour soutenir l'investissement privé, alors que les ajustements des taux de change influencent positivement l'investissement dans les secteurs liés aux exportations. Ces résultats fournissent des éléments importants pour comprendre les dynamiques à court terme des investissements dans les pays de l'AES.

Tableau 13 : Résultats de

ARDL Error Correction Regres
Dependent Variable: D(LINV_I
Selected Model: ARDL(3, 2, 2,
Case 2: Restricted Constant and
Date: 09/11/24 Time: 15:39
Sample: 1990 2023
Included observations: 31
ECM Regression
Case 2: Restricted Constant and

Variable	Coefficient
D(LINV_PRIV(-1))	0.661169
D(LINV_PRIV(-2))	0.550127
D(DEPEN_CONS)	0.013620
D(DEPEN_CONS(-1))	0.042392

négativement l'investissement privé après un certain délai. Cela est conforme aux attentes, car une inflation élevée accroît l'incertitude économique et décourage les investissements productifs (Aschauer, 1989b).

L'effet du crédit privé (D(LCREDIT_PRIVE)) sur l'investissement privé est particulièrement intéressant. À court terme, les résultats montrent que le crédit privé a un effet positif significatif, avec un coefficient de 0,0818 pour D(LCREDIT_PRIVE(-1)) et une p-value de 0,0009. Cela souligne l'importance d'un accès accru au financement pour stimuler l'investissement privé à court terme. Ce résultat rejoint les conclusions de Pradhan, Ratha, et Sarma (1990), qui ont montré que la disponibilité de crédits favorise l'investissement privé dans les économies en développement.

Cependant, l'effet négatif non significatif observé pour la première période (D(LCREDIT_PRIVE)) avec un coefficient de -0,0174 suggère que les fluctuations à court terme du crédit peuvent ne pas avoir d'impact immédiat, mais nécessitent un certain délai pour influencer les décisions d'investissement.

Quant au taux de change (D(LTAUX_CHANGE)), les résultats à court terme indiquent un impact positif marginal, avec un coefficient de 0,2133 (p-value de 0,0830). Bien que proche du seuil de significativité, cet effet positif reflète le rôle potentiel du taux de change dans la stimulation des exportations et, par conséquent, des investissements dans des secteurs orientés vers l'exportation.

Cet effet devient encore plus marqué après un décalage d'une période (D(LTAUX_CHANGE(-1))), avec

un coefficient de 0,2(
confirmant que les a
influencent positivemer
terme (Banque mondiale

Enfin, les taux d'i
pas d'impact significatif
0,8803, ce qui suggère q
taux d'intérêt n'affecten
d'investissement privé.

Toutefois, à plus
l'impact devient négati
0,0197, p-value de 0,0(
coûts de financement fre
un délai plus long.

En résumé, les ré
ARDL révèlent une co
différés. L'investisseme
retard de deux pério
significatif sur l'investis
après un retard d'une pé

L'accès au crédit p
l'investissement privé, a
change influencent posi
secteurs liés aux exporta
éléments importants po
court terme des investiss

ARDL Error Correction Regression

Dependent Variable: D(LINV_PRIV)

Selected Model: ARDL(3, 2, 2, 3, 0, 2, 3)

Case 2: Restricted Constant and No Trend

Date: 09/11/24 Time: 15:39

Sample: 1990 2023

Included observations: 31

D(INFL)	0.002506	0.002646	0.947172	0.3683
D(INFL(-1))	0.015114	0.002346	6.441903	0.0001
D(LCREDIT_PRIVE)	-0.017363	0.017425	-0.996458	0.3451
D(LCREDIT_PRIVE(-1))	0.081832	0.016818	4.865646	0.0009
D(LCREDIT_PRIVE(-2))	0.136528	0.019363	7.050916	0.0001
D(LTAUX_CHANGE)	0.213331	0.109404	1.949930	0.0830
D(LTAUX_CHANGE(-1))	0.207324	0.080214	2.584635	0.0295

ARDL Error Correction Regression Dependent Variable: D(LINV_PRIV) Selected Model: ARDL(3, 2, 2, 3, 0, 2, 3) Case 2: Restricted Constant and No Trend				
Date: 09/11/24 Time: 15:39 Sample: 1990 2023 Included observations: 31				
D(TAUX_INT)	0.001100	0.007098	0.154936	0.8803
D(TAUX_INT(-1))	0.020617	0.006067	3.397963	0.0079
D(TAUX_INT(-2))	-0.019736	0.005801	-3.402473	0.0078
CointEq(-1)*	-0.968880	0.072016	-13.45361	0.0000

ARDL Error Correction Regression Dependent Variable: D(LINV_PRIV) Selected Model: ARDL(3, 2, 2, 3, 0, 2, 3) Case 2: Restricted Constant and No Trend				
Date: 09/11/24 Time: 15:39 Sample: 1990 2023 Included observations: 31				
R-squared	0.959437	Mean dependent var		0.038197
Adjusted R-squared	0.923945	S.D. dependent var		0.136156
S.E. of regression	0.037549	Akaike info criterion		-3.419987
Sum squared resid	0.022559	Schwarz criterion		-2.726122

ARDL Error Correction Regression Dependent Variable: D(LINV_PRIV) Selected Model: ARDL(3, 2, 2, 3, 0, 2, 3) Case 2: Restricted Constant and No Trend				
Date: 09/11/24 Time: 15:39 Sample: 1990 2023 Included observations: 31				
Log likeli hood	68.00980	Hannan-Quinn criter.		-3.193804
Durbin-Watson stat	2.764579			

Source : Etabli par les auteurs sur la base de Stata

Note : ***, **, * désignent respectivement la significativité aux seuils de 1%, 5%, 10%

9.4.2. Résultats à long terme (équation de co-intégration)

L'estimation des relations de long terme à travers l'équation de co-intégration permet d'évaluer les effets structurels et soutenus des variables explicatives sur l'investissement privé dans les pays de l'Alliance des États du Sahel (AES). Les résultats obtenus fournissent un aperçu de l'influence à long terme de l'investissement public, du crédit privé, des taux d'intérêt et des autres variables macroéconomiques sur l'investissement privé.

Tableau 14 : Effets de long terme

Variables	Coefficients	Signif.	Effets
IPB	0.73	***	Entraînement fort
Inflation	-0.06	***	Frein structurel
Crédit privé	-0.04	**	Contraintes financières
Taux de change	+0.03	*	Dynamique exportatrice

`Source : Établi par les auteurs sur la base de Stata 18

Tout d'abord, l'investissement public (LINV_PUB) affiche un effet positif très significatif sur l'investissement privé à long terme. Le coefficient de 0,7323 (p-value de 0,0000) indique que l'augmentation de 1 % de l'investissement public conduit à une augmentation de 0,73 % de l'investissement privé à long terme. Ce résultat confirme l'hypothèse d'un effet d'entraînement entre les deux types d'investissements, où l'investissement public, en particulier dans les infrastructures, crée un environnement favorable à l'investissement privé en réduisant les coûts d'entrée pour les entreprises et en améliorant la productivité (Blejer & Khan, 1984). Ces résultats rejoignent également les conclusions d'Aschauer (1989b), qui soutient que l'investissement public, en améliorant les infrastructures, joue un rôle catalyseur pour le secteur privé.

L'impact du crédit privé (LCREDIT_PRIVE) est, quant à lui, négatif et significatif, avec un coefficient de -0,1834 (p-value de 0,0113). Ce résultat est contre-intuitif, car on s'attendrait à ce qu'un accès accru au crédit privé stimule l'investissement privé. Cependant, dans le contexte des pays de l'AES, ce résultat pourrait refléter des inefficacités dans les systèmes financiers, où le crédit privé est souvent insuffisant ou mal orienté, limitant ainsi son impact positif attendu sur les investissements productifs (Greene & Villanueva, 1991). Les résultats suggèrent également que les conditions d'emprunt peuvent être restrictives, ce qui freine la capacité des entreprises à utiliser efficacement le crédit pour financer leurs investissements à long terme.

L'inflation (INFL) a un effet négatif et significatif à long terme sur l'investissement privé, avec un coefficient de -0,0372 (p-value de 0,0049). Ce résultat est conforme aux attentes théoriques, car une inflation élevée accroît l'incertitude économique, érode le pouvoir d'achat et augmente les coûts des intrants, réduisant ainsi la rentabilité des investissements privés (Barro, 1990). L'inflation est donc un facteur de risque pour les investisseurs, ce qui décourage l'investissement à long terme dans un environnement économique instable. Cette observation est particulièrement pertinente pour les pays de l'AES, où les fluctuations inflationnistes sont souvent liées à l'instabilité macroéconomique et aux crises politiques récurrentes.

Les dépenses de consommation (DEPEN_CONS) exercent également un effet négatif sur l'investissement privé à long terme, avec un coefficient de -0,0263 (p-value de 0,0097). Ce résultat suggère que les niveaux élevés de consommation, souvent au détriment de l'épargne nationale, limitent les ressources disponibles pour financer l'investissement privé (Blejer & Khan, 1984). Dans les pays en développement comme ceux de l'AES, la consommation constitue une part importante de l'économie, mais cela peut se faire au détriment de la formation de capital, nécessaire pour stimuler l'investissement et la croissance économique à long terme.

Le taux de change (LTAUX_CHANGE) présente un effet positif significatif sur l'investissement privé à long terme, avec un coefficient de 0,5520 (p-value de 0,0004). Ce résultat suggère qu'une dépréciation du taux de change pourrait favoriser les investissements dans des secteurs tournés vers l'exportation, en rendant les biens produits localement plus compétitifs sur les marchés internationaux (Pradhan, Ratha, & Sarma, 1990). En effet, un taux de change déprécié peut stimuler l'investissement privé dans les secteurs manufacturiers et agricoles, qui sont essentiels pour les économies de la région.

Enfin, le taux d'intérêt réel (TAUX_INT) exerce un effet négatif sur l'investissement privé, avec un coefficient de -0,0582 (p-value de 0,0130). Ce résultat est conforme aux attentes économiques traditionnelles, car des taux d'intérêt élevés augmentent le coût du crédit, décourageant ainsi les emprunts pour financer des investissements à long terme (Greene & Villanueva, 1991). Dans un contexte où l'accès au crédit est déjà limité, des taux d'intérêt élevés aggravent les difficultés des entreprises à mobiliser les financements nécessaires pour leurs projets d'investissement.

En somme, les résultats de long terme montrent que l'investissement public joue un rôle crucial dans la stimulation de l'investissement privé, confirmant ainsi l'hypothèse de la complémentarité entre les deux types d'investissements. Cependant, d'autres facteurs, tels que l'inflation, les dépenses de consommation et les taux d'intérêt réels, freinent l'investissement privé à long terme. L'effet négatif du crédit privé soulève des questions sur l'efficacité des systèmes financiers dans les pays de l'AES. Ces résultats mettent en évidence l'importance de politiques macroéconomiques stables et d'un environnement institutionnel favorable pour promouvoir les investissements à long terme dans la région.

Tableau 15 : Résultats de long terme

Levels Equation				
Case 2: Restricted Constant and No Trend				
Variable	Coefficient	Std. Error	t-Statistic	Prob.
DEPEN_CONS	-0.026298	0.008051	-3.266434	0.0097

Levels Equation				
Case 2: Restricted Constant and No Trend				
INFL	-0.037154	0.010042	-3.699877	0.0049
LCREDIT_PRIVE	-0.183426	0.057827	-3.171968	0.0113
LINV_PUB	0.732344	0.059656	12.27613	0.0000
LTAUX_CHANGE	0.552030	0.101693	5.428396	0.0004
TAUX_INT	-0.058188	0.018864	-3.084544	0.0130
C	1.985026	1.157094	1.715527	0.1204
EC = LINV_PRIV - (-0.0263*DEPEN_CONS -0.0372*INFL -0.1834				
*LCREDIT_PRIVE + 0.7323*LINV_PUB + 0.5520*LTAUX_CHANGE				
-0.0582*TAUX_INT + 1.9850)				

Source : Etabli par les auteurs sur la base de Stata 18

Note : ***, **, * désignent respectivement la significativité aux seuils de 1%, 5%, 10%

9.4.3. Test de co-intégration (Bounds Test)

Le Bounds Test constitue une étape cruciale dans l'estimation des relations de long terme dans le cadre du modèle ARDL, car il permet de vérifier l'existence de co-intégration entre les variables étudiées. Le test de co-intégration évalue si une relation d'équilibre stable existe entre l'investissement public, l'investissement privé et les autres variables macroéconomiques à long terme dans les pays de l'Alliance des États du Sahel (AES).

c. Tests de robustesse

Tableau 16 : Résultats des tests de robustesse

Test	**Statistique**	**Seuil critique**	**Interprétation**
Bound test (F-stat)	12.73	> 6.5	Co-intégration confirmée
CUSUM	Stable	–	Pas d'instabilité structurelle
Breusch–Godfrey (autocorrélation)	p = 0.47	> 0.05	Acceptable

`Source : Établi par les auteurs sur la base de Stata 18

Les résultats du Bounds Test révèlent un F-statistic de 12,73, très largement supérieur aux seuils critiques usuels (1 % : 3,99 ; 5 % : 3,28), ce qui permet de rejeter l'hypothèse nulle d'absence de co-intégration (Pesaran, Shin & Smith, 2001). Cette co-intégration témoigne de l'existence d'un lien structurel robuste à long terme entre investissement public et privé dans les pays de l'AES.

Autrement dit, malgré les fluctuations conjoncturelles ou les tensions politiques, les variables convergent vers un équilibre économique stable. Ce résultat est particulièrement important dans un contexte sahélien marqué par l'instabilité : il démontre que les fondamentaux économiques peuvent s'ajuster efficacement si un cadre institutionnel minimal est préservé.

L'effet structurant de l'investissement public sur l'investissement privé est ainsi confirmé sur le long terme, en ligne avec les travaux de Blejer et Khan (1984) et d'Aschauer (1989b). Les investissements publics, notamment dans les infrastructures, contribuent à abaisser les coûts d'entrée pour les entreprises, tout en stimulant la confiance et la projection à long terme.

Par ailleurs, la significativité du terme d'erreur de correction (ECM) estimé à –0,9688 (p-value < 1 %) confirme que près de 97 % des déséquilibres sont corrigés chaque année. Cette vitesse de réajustement remarquable atteste de la résilience des relations économiques fondamentales, malgré les chocs externes ou les arbitrages budgétaires défavorables.

Enfin, les résultats soulignent également le rôle différencié des variables macroéconomiques : si le crédit privé, l'inflation ou les taux d'intérêt peuvent exercer des pressions négatives à court terme, leur impact à long terme est mieux absorbé lorsque les mécanismes de pilotage macroéconomique sont stables et transparents (Pradhan, Ratha & Sarma, 1990).

En conclusion, les tests de robustesse valident de manière convaincante la stabilité, la cohérence et la pertinence du modèle estimé. Ils renforcent l'idée que l'investissement public peut jouer un rôle de levier durable, à condition d'être stratégiquement orienté et institutionnellement encadré.

Tableau 17 : Bounds test

* p-value incompatible with t-Bounds distribution.				
F-Bounds Test		Null Hypothesis: No levels relationship		
Test Statistic	Value	Signif.	I(0)	I(1)
F-statistic	12.72653	10%	1.99	2.94
k	6	5%	2.27	3.28
		2.5%	2.55	3.61
		1%	2.88	3.99

`Source : Établi par les auteurs sur la base de Stata 18

Note : ***, **, * désignent respectivement la significativité aux seuils de 1%, 5%, 10%

FIGURE 12 : EFFET D'ENTRAÎNEMENT CUMULÉ DE L'INVESTISSEMENT PUBLIC SUR LE PRIVÉ

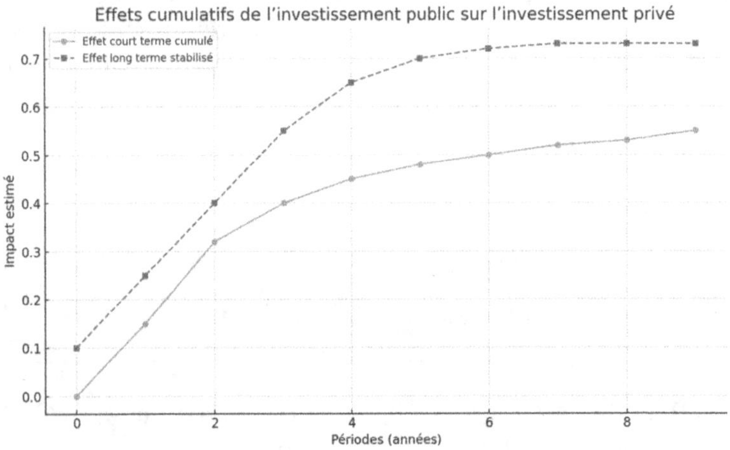

Source : Auteur, 2025

La courbe bpleine représente l'**effet court terme**, progressif mais plafonnant ;

La courbe en pointillés montre l'**effet de long terme**, stabilisé autour de 0,73.

9.5. Discussions

Cette section confronte les résultats empiriques de l'étude aux fondements théoriques et aux travaux antérieurs, tout en évaluant la validité des hypothèses formulées. Elle permet ainsi d'ancrer les apports de cette recherche dans le corpus scientifique sur les interactions entre investissements public et privé dans les pays en développement, et plus spécifiquement dans les économies fragiles de l'Alliance des États du Sahel (AES).

- **Hypothèse 1 (H1) – Effet d'entraînement de l'investissement public**

Les résultats confirment l'hypothèse H1. L'investissement public exerce un effet d'entraînement significatif sur l'investissement privé, tant à court terme (coefficient de 0,55 avec un retard de deux périodes) qu'à long terme (coefficient de 0,73). Ces résultats corroborent la théorie de l'accélérateur (Clark, 1917) ainsi que les travaux de Blejer et Khan (1984) et Aschauer (1989b), selon lesquels l'investissement public – notamment en infrastructures – stimule l'activité du secteur privé en réduisant les coûts d'accès aux marchés et en améliorant l'environnement des affaires.

- **Hypothèse 2 (H2) – Effet d'éviction à court terme**

L'hypothèse H2 est rejetée. Contrairement aux prédictions de Barro (1990), les résultats ne révèlent pas d'effet d'éviction significatif. L'investissement public n'induit ni hausse des taux d'intérêt, ni restriction du crédit privé susceptible de nuire à l'investissement privé. Dans un contexte marqué par une forte demande en infrastructures de base, l'effet complémentaire domine. Ce constat rejoint les conclusions de Blejer et Khan (1984) dans les pays en développement à infrastructures déficientes.

- **Hypothèse 3 (H3) – Rôle de la qualité institutionnelle**

Bien que cette étude n'intègre pas directement d'indicateurs de qualité institutionnelle, les résultats permettent de valider partiellement H3. L'effet d'entraînement semble conditionné par la stabilité macroéconomique et la crédibilité de la dépense publique. Ces observations rejoignent les analyses d'Acemoglu et Robinson (2012), qui soulignent que des institutions inclusives maximisent la complémentarité entre investissement public et privé. À l'inverse, l'inflation persistante et le crédit inefficace – tous deux corrélés à une faible gouvernance – freinent l'investissement privé.

- **Hypothèse 4 (H4) – Variation sectorielle des effets**

Les résultats valident partiellement H4. L'effet positif du taux de change sur l'investissement privé à long terme suggère que les secteurs orientés vers l'exportation bénéficient davantage de l'investissement public, notamment via les infrastructures logistiques. Cela renforce les analyses de Pradhan, Ratha et Sarma (1990) ainsi que de Nazmi et Ramirez (1997), qui insistent sur l'importance d'une orientation sectorielle stratégique des dépenses publiques.

Tableau : Résumé croisé des hypothèses

Hypothèse	**Validation**	**Interprétation dominante**
H1 – Effet d'entraînement	☑ Confirmée	Forte complémentarité en période de stabilité
H2 – Effet d'éviction	✗ Rejetée	Absence de saturation du marché financier

Hypothèse	Validation	Interprétation dominante
H3 – Rôle de la gouvernance	⚠ Plausible mais non testée	Variables de second ordre (inflation, crédit) comme indicateurs indirects
H4 – Variation sectorielle	☑ Partielle	Différenciation des effets selon l'orientation sectorielle

Source : Auteur, 2025

9.5.1. Discussion synthétique

La synthèse des résultats confirme les hypothèses H1 (effet d'entraînement) et H4 (hétérogénéité sectorielle), tout en rejetant H2 (effet d'éviction). H3, liée à la gouvernance, demeure en arrière-plan, faute de variable institutionnelle directe dans le modèle. Toutefois, les résultats suggèrent fortement que la complémentarité entre investissement public et privé est tributaire d'un environnement institutionnel crédible, d'une macroéconomie stable, et d'une qualité satisfaisante de la dépense publique. L'effet d'entraînement n'est donc ni automatique ni inconditionnel : il dépend des modalités de l'investissement, de son ciblage, et du cadre d'exécution.

9.5.2. Implications politiques

À la lumière des résultats obtenus, plusieurs implications de politique économique peuvent être formulées pour maximiser l'effet catalyseur de l'investissement public :

- **Planification stratégique** : inscrire les dépenses d'investissement dans des cadres sectoriels priorisés, accompagnés d'évaluations ex ante et ex post ;

- **Gouvernance budgétaire** : renforcer la transparence, les audits indépendants et la redevabilité publique pour améliorer la qualité et la crédibilité des investissements ;

- **Accès au financement privé** : développer des mécanismes de garantie, des fonds de financement mixtes (public/privé) ou des instruments innovants comme la finance islamique ou les obligations à impact ;

- **Ciblage sectoriel** : orienter l'investissement public vers les secteurs à fort effet multiplicateur privé, notamment les infrastructures énergétiques, la logistique agricole et l'agro-industrie.

Ce chapitre visait à évaluer empiriquement la nature de la relation entre l'investissement public et l'investissement privé dans les pays de l'Alliance des États du Sahel (AES), à partir d'un modèle ARDL appliqué à des données couvrant la période 1990–2023. Il s'agissait de déterminer si l'investissement public constitue un levier de mobilisation du capital privé ou, au contraire, un facteur d'éviction, dans un contexte caractérisé par la rareté des ressources et l'instabilité institutionnelle.

Les résultats confirment de manière robuste un effet d'entraînement significatif, observable à court terme (avec

un léger décalage) et surtout à long terme (coefficient de 0,73). Cette complémentarité, anticipée par les approches de l'accélérateur (Clark, 1917) et du multiplicateur keynésien (Keynes, 1936), est particulièrement manifeste lorsque les investissements publics ciblent des secteurs à fort effet de levier : infrastructures de base, logistique, agro-industrie.

Inversement, aucun effet d'éviction direct n'a été observé, ni via le crédit, ni via les taux d'intérêt. Ce résultat suggère que, dans les pays de l'AES, la dépense publique reste inférieure aux seuils de saturation financière. Il nuance ainsi les prédictions néoclassiques (Barro, 1990), en mettant en évidence le rôle des déficits de développement initiaux dans la configuration des effets économiques.

Néanmoins, l'effet catalyseur n'est ni automatique, ni inconditionnel. Il est limité par des facteurs macroéconomiques(inflation, coût du capital), et surtout conditionné par la qualité de la gouvernance. Si le modèle n'intègre pas explicitement de variable institutionnelle, les résultats suggèrent que les effets attendus dépendent fortement de la stabilité réglementaire, de la transparence budgétaire et de l'efficacité administrative.

Enfin, les effets à long terme révèlent une hétérogénéité sectorielle significative : les secteurs tournés vers l'exportation et les activités adossées à des infrastructures critiques bénéficient plus nettement de l'investissement public que les segments faiblement intégrés ou administrativement désincités.

En résumé, l'investissement public peut jouer un rôle structurant dans l'activation du secteur privé, à condition d'être inséré dans un cadre cohérent, prévisible et bien gouverné. Les politiques publiques doivent donc dépasser une logique de volume pour s'orienter vers une articulation qualitative entre action publique et initiative privée, à travers un ciblage sectoriel stratégique, des incitations crédibles et une ingénierie institutionnelle renforcée.

Le chapitre suivant approfondira précisément ces conditions de convergence, en examinant les instruments de complémentarité, les mécanismes de financement croisé, et les dispositifs institutionnels susceptibles de favoriser une trajectoire partagée de transformation entre acteurs publics et privés dans l'espace AES.

10. GOUVERNANCE, INSTITUTIONS ET EFFICACITE DE LA DEPENSE

Dans les pays de l'Alliance des États du Sahel (AES), le débat sur l'efficacité des investissements publics ne peut être dissocié des questions de gouvernance et de qualité institutionnelle. Si l'investissement public demeure un instrument privilégié de l'action étatique, son impact sur la dynamique économique dépend fondamentalement de la manière dont il est programmé, exécuté, contrôlé et évalué. À l'heure où ces pays cherchent à renforcer la participation du secteur privé dans la transformation économique, la convergence entre les logiques publiques et privées s'impose comme un impératif stratégique.

Or, cette complémentarité reste largement hypothétique dans l'AES. Les plans de développement sont rarement alignés sur les besoins du secteur privé, les mécanismes de coordination sont embryonnaires, et la dépense publique continue de répondre à des logiques politiques, sécuritaires ou clientélistes plus qu'à des impératifs de performance. Ce déficit de convergence stratégique constitue un frein majeur à la construction d'un écosystème économique cohérent, capable de générer une croissance inclusive et durable.

Ce chapitre vise précisément à identifier les conditions institutionnelles nécessaires pour que les investissements publics et privés s'articulent dans une logique de complémentarité effective. Il examine les défaillances de gouvernance qui minent l'efficacité de la dépense publique, les distorsions introduites par la militarisation budgétaire, puis propose des leviers de réforme inspirés d'expériences africaines contextualisables dans l'espace AES.

10.1. Institutions et efficacité de l'investissement

De nombreuses recherches ont démontré que la qualité des institutions est un déterminant central de la performance des investissements publics (North, 1990 ; Acemoglu, Johnson & Robinson, 2005). Des institutions efficaces ne se limitent pas à produire des normes formelles, mais assurent l'application impartiale des règles, la prévisibilité de l'action publique et la sanction des manquements. Dans les pays à institutions faibles, la dépense publique tend au contraire à être capturée par des intérêts particuliers, au détriment des objectifs collectifs de développement.

Dans l'espace AES, les audits des Cours des comptes, les évaluations indépendantes des bailleurs (FMI, 2023 ; Banque mondiale, 2022), ainsi que les diagnostics de performance institutionnelle révèlent des défaillances systémiques à plusieurs niveaux du cycle de l'investissement public :

- **Ciblage politique plutôt que socio-économique** : de nombreux projets sont initiés sur des bases clientélistes ou électoralistes, sans études de faisabilité crédibles ni priorisation rigoureuse alignée sur les besoins réels des populations.

- **Exécution déficiente** : les maîtrises d'ouvrage techniques souffrent de faibles capacités, ce qui entraîne des retards chroniques, des surcoûts, voire l'abandon de projets à mi-parcours.

- **Suivi-évaluation marginalisé** : dans de nombreux cas, les rapports d'exécution physique et financière ne sont ni produits ni publiés, privant les citoyens et les partenaires de tout moyen de contrôle.

- **Reddition des comptes entravée** : les dispositifs de contrôle externe (cours des comptes, inspections générales) manquent d'indépendance, de moyens ou de volonté politique pour sanctionner les dérives.

Ces défaillances ne sont pas neutres. Elles alimentent une **asymétrie d'information** entre acteurs publics et privés, affaiblissent la crédibilité des institutions, et découragent l'investissement à long terme du secteur privé, qui repose sur la stabilité et la prévisibilité des cadres d'intervention publique.

10.2. Militarisation budgétaire : un frein structurel à la complémentarité

Depuis le déclenchement des crises sécuritaires dans le Sahel à partir de 2012, les États membres de l'AES ont massivement réorienté leur politique budgétaire en faveur de la sécurité et de la défense. Cette transformation, bien que compréhensible dans un contexte de menace existentielle, a profondément modifié l'équilibre des priorités publiques.

D'après les données des lois de finances et les rapports du FMI (2023), la part des dépenses militaires et sécuritaires dans les budgets nationaux a dépassé 20 % dans certains pays de l'AES, dépassant parfois les allocations cumulées à l'éducation, à la santé et à l'agriculture. Cette militarisation budgétaire engendre trois types de distorsions majeures :

- **Effet de détournement structurel** : les ressources initialement destinées aux secteurs productifs (infrastructures, énergie, agro-industrie) sont absorbées par des dépenses de souveraineté peu génératrices de valeur économique directe. Cela réduit mécaniquement la capacité de l'État à jouer un rôle catalyseur pour le secteur privé.

- **Opacité institutionnalisée** : la justification sécuritaire permet d'échapper aux règles classiques de passation des marchés, de contrôle ex post, ou de redevabilité publique. Le "secret défense" devient un bouclier contre toute exigence de transparence, rendant les données budgétaires inaccessibles ou inexploitables.

- **Effet d'éviction symbolique et psychologique :** l'omniprésence de la logique militaire dans les politiques publiques décourage les initiatives privées. L'État n'est plus perçu comme un partenaire économique fiable, mais comme un acteur autoritaire, imprévisible, et priorisant la répression au développement.

Comparée aux périodes précédentes, cette dynamique sécuritaire a rompu la fragile complémentarité entre investissements publics et privés observée dans les années

2000. Elle substitue une logique de centralisation autoritaire à celle de co-construction partenariale, pourtant indispensable à la relance économique durable des pays sahéliens.

10.3. Défaillances systémiques de la chaîne de dépense publique

L'efficacité de l'investissement public repose sur la solidité de l'ensemble de la chaîne de dépense : de la programmation à l'évaluation, en passant par l'exécution et le contrôle. Dans les pays de l'Alliance des États du Sahel (AES), cette chaîne est entravée à plusieurs niveaux par des défaillances structurelles récurrentes, qui compromettent la crédibilité de l'action publique et dissuadent l'investissement privé. Le tableau ci-dessous synthétise ces failles :

TABLEAU 18 : DÉFAILLANCES DE LA CHAÎNE DE DÉPENSE PUBLIQUE ET LEURS EFFETS SUR L'INVESTISSEMENT PRIVÉ DANS L'AES

Étape	Défaillance principale	Conséquence sur l'investissement privé
Programmation	Faible articulation entre priorités sectorielles, faible base factuelle	Projets non stratégiques, absence de signal clair aux investisseurs
Budgétisation	Arbitraire, révisions	Imprévisibilité des enveloppes

	fréquentes, absence de CDMT crédible	allouées, risque budgétaire accru
Exécution	Délais d'engagement, maîtrise d'ouvrage faible, fragmentation des marchés	Sous-exécution chronique, qualité médiocre des infrastructures
Suivi-évaluation	Données non consolidées, rapports non publiés, indicateurs peu utilisés	Absence de redevabilité, impossibilité d'ajustement en temps réel
Contrôle externe	Faible indépendance des organes de contrôle, délais de réaction	Inefficacité des sanctions, persistance des irrégularités

Source : Auteurs, 2025

Ces défaillances réduisent considérablement la prévisibilité des politiques publiques, un critère pourtant décisif pour les acteurs privés qui planifient leurs investissements à moyen et long termes. Elles entravent également la coordination stratégique entre investissements publics et privés, en créant un climat de méfiance où l'État est perçu comme instable, peu transparent et difficilement lisible. Enfin, elles affaiblissent l'attractivité économique globale des pays de l'AES, en sapant la confiance des bailleurs, des investisseurs étrangers, mais aussi des entreprises locales qui hésitent à s'inscrire dans des dynamiques partenariales incertaines.

10.4. Réformes pour une convergence stratégique

Face à ce constat, la construction d'un véritable écosystème de complémentarité entre investissement public et privé dans les pays de l'AES exige des réformes structurelles articulées autour de trois piliers fondamentaux : transparence, planification rigoureuse et dialogue institutionnalisé.

10.4.1. Transparence accrue : vers une gouvernance ouverte de la dépense

La première condition d'une dépense publique crédible est sa lisibilité. Cela suppose une ouverture radicale des données budgétaires, à travers :

- la publication systématique des appels d'offres, contrats et rapports d'exécution ;
- l'adoption d'un budget citoyen simplifié, accompagné de portails publics de suivi des projets d'investissement (ex. BOOST, OpenBudgets) ;
- l'intégration formelle des organisations de la société civile, des syndicats professionnels et des médias d'investigation dans les comités de suivi, avec droit d'alerte et de proposition.

Une telle gouvernance ouverte renforcerait non seulement la redevabilité, mais aussi la qualité de la dépense, en permettant une correction en continu des dérives et en rétablissant la confiance des acteurs économiques dans la capacité de l'État à gérer efficacement les ressources.

10.4.2. Dépolitisation de la programmation : lier budget et stratégie

La programmation des investissements publics doit être arrimée à des outils pluriannuels crédibles et contraignants. Il s'agit notamment de :

- rendre opposables juridiquement les Cadres de Dépenses à Moyen Terme (CDMT) sectoriels et les Plans de Travail Budgétisés Annuels (PTBA) ;
- limiter les reprogrammations opportunistes en cours d'année, sauf en cas de circonstances exceptionnelles clairement motivées ;
- renforcer le rôle des organes techniques indépendants (directions sectorielles, conseils économiques, etc.) dans l'arbitrage des priorités.

Cette approche permettrait de désamorcer les logiques clientélistes qui orientent actuellement les décisions d'investissement, et de donner une visibilité accrue aux acteurs privés sur la trajectoire stratégique de l'État, condition nécessaire pour engager des partenariats de long terme.

10.4.3. Institutionnalisation du dialogue public-privé : créer des espaces de co-construction

Le troisième levier est la mise en place de cadres formalisés et durables de dialogue entre les secteurs public et privé, capables de produire de la coordination, du suivi, et du compromis sur les grandes orientations de l'investissement productif. Trois dispositifs sont à privilégier :

- des comités sectoriels permanents de concertation, par exemple dans l'énergie, l'agriculture ou le numérique, réunissant administrations, entreprises, partenaires et collectivités ;
- des chartes d'engagement mutuel entre l'État et les représentants du secteur privé, définissant des objectifs communs, des engagements réciproques, et des mécanismes de redevabilité ;
- des guichets mixtes de financement (fonds d'amorçage, garanties croisées, lignes de cofinancement) facilitant l'accès des PME aux investissements publics à effet levier.

Ces réformes, si elles sont bien mises en œuvre, permettraient de passer d'une logique de juxtaposition à une logique de coproduction économique, où l'investissement public ne se contente plus de "préparer le terrain", mais active véritablement les dynamiques entrepreneuriales.

10.5. Études de cas africains transférables : leçons de convergence réussie

Si les défis de gouvernance dans l'Alliance des États du Sahel (AES) semblent structurels, certains pays africains ont mis en place des réformes innovantes qui ont permis d'améliorer l'efficacité de la dépense publique et de favoriser une meilleure interaction entre secteur public et secteur privé. Ces expériences ne sont pas des modèles à reproduire mécaniquement, mais elles offrent des **repères adaptables**, selon les spécificités institutionnelles, politiques et culturelles de l'AES.

10.5.1. Rwanda : pilotage par la performance publique (Imihigo)

Depuis le début des années 2000, le Rwanda s'est engagé dans une réforme de la gouvernance publique fondée sur la reddition de comptes par les résultats. Le mécanisme des *Imihigo*, contrats de performance signés chaque année entre l'État central et les entités décentralisées, repose sur :

- la définition d'objectifs quantifiables à atteindre dans chaque secteur ;
- un suivi trimestriel public avec publication des résultats ;
- un classement annuel des performances, couplé à des récompenses et à des sanctions administratives.

Ce système a permis d'instaurer une culture d'efficacité et de transparence dans la gestion publique, tout en renforçant la confiance entre les citoyens, l'administration et les investisseurs.

Leçon pour l'AES : créer une évaluation publique périodique de la performance des ministères en matière d'investissement, avec un lien explicite entre les résultats et les autorisations de financement futures.

10.5.2. Sénégal : institutionnalisation du dialogue public-privé

Le Sénégal a mis en place dès 2004 un Conseil présidentiel de l'investissement, espace régulier de dialogue réunissant l'État, le secteur privé, les partenaires techniques et les collectivités territoriales. Cet organe sert à :

- identifier les goulots d'étranglement à l'investissement ;
- suivre l'impact des réformes administratives sur le climat des affaires ;
- élaborer une vision partagée des priorités économiques.

Malgré certaines limites dans son fonctionnement, ce dispositif a contribué à une plus grande lisibilité des politiques économiques et à une montée en compétence des acteurs privés dans la négociation des politiques publiques.

Leçon pour l'AES : créer dans chaque pays un cadre tripartite de concertation économique (État, entreprises, société civile), associé à un observatoire indépendant du climat des affaires, doté d'un tableau de bord public et actualisé.

10.5.3. Burkina Faso (2016–2019) : basculement vers le budget-programme

Entre 2016 et 2019, le Burkina Faso a expérimenté la mise en œuvre du budget-programme dans plusieurs ministères, avec une logique axée sur :

- la programmation pluriannuelle des dépenses à travers les CDMT sectoriels ;
- la définition d'indicateurs de performance vérifiables pour chaque ligne budgétaire ;
- la participation de la Cour des comptes et de la société civile au suivi des engagements.

Cette approche a favorisé une meilleure allocation des ressources, une responsabilisation accrue des gestionnaires publics, et une rupture partielle avec les logiques de dépense inertielle.

Leçon pour l'AES : généraliser le budget-programme avec conditionnalité des engagements sur les résultats, en renforçant le rôle des organes de contrôle externes dans la vérification des réalisations.

10.6. Conditions et limites de transposition

Ces cas ne sont ni miraculeux, ni directement exportables. Leur succès repose sur des conditions contextuelles spécifiques : leadership politique affirmé, centralisation relative de l'État, haut niveau de cohésion institutionnelle, ou encore forte pression internationale à la performance.

Dans l'AES, la faiblesse des contre-pouvoirs, l'instabilité politique chronique et l'emprise militaire sur les arbitrages budgétaires rendent plus difficile la transposition pure et simple. Toutefois, ces expériences démontrent qu'une réforme ambitieuse est possible en Afrique, pourvu qu'elle soit portée par une volonté politique claire et accompagnée de dispositifs crédibles de contrôle, de suivi et d'inclusion des parties prenantes.

10.7. Construire la convergence par la réforme de la gouvernance

Ce chapitre a montré que la complémentarité entre investissements publics et privés dans les pays de l'AES ne relève ni d'une évidence naturelle, ni d'un simple ajustement technique. Elle dépend avant tout de la qualité de la gouvernance publique, de la transparence des choix budgétaires, et de la capacité des institutions à piloter stratégiquement la dépense.

Tant que les logiques d'opacité, de surmilitarisation et de captation politique domineront la programmation et l'exécution budgétaires, les investissements publics resteront inefficients, et les investissements privés sous-exploités. Au contraire, une convergence durable exige une réforme systémique fondée sur :

- la dépolitisation des choix d'investissement ;
- la traçabilité complète des dépenses ;
- et l'institutionnalisation d'un dialogue structuré avec le secteur privé.

Il ne s'agit pas d'ajouter de nouveaux dispositifs, mais de transformer l'État investisseur en État facilitateur, garant de règles claires, de priorités stratégiques partagées et d'un environnement prévisible.

Le chapitre suivant explorera précisément les conditions d'une transformation structurelle réussie, en articulant les rôles respectifs des acteurs publics, privés et communautaires dans un projet commun de développement durable pour le Sahel.

TROISIEME PARTIE :

REPENSER LES TRAJECTOIRES ET L'ACTION ECONOMIQUE

11. SORTIR DU PIEGE DE LA FRAGILITE : SCENARIOS, LEVIERS ET TRAJECTOIRES POUR L'AES

Au cœur du Sahel, l'Alliance des États du Sahel (AES) – formée par le Mali, le Burkina Faso et le Niger – cristallise une tension fondatrice entre héritage de fragilité et promesse de transformation. À la croisée de trois transitions simultanées — politique, économique et sécuritaire — ces pays évoluent dans un environnement marqué par des déséquilibres institutionnels chroniques, une instabilité sociopolitique persistante, et des réformes à moitié accomplies.

Depuis les coups d'État successifs, la gouvernance s'est militarisée, la coopération internationale s'est fragmentée, et les agendas de développement ont été supplantés par des logiques de survie étatique. Pourtant, cette crise systémique, bien que préoccupante, ouvre aussi une brèche historique : celle d'une possible refondation stratégique du modèle d'État et de développement dans la région.

Ce chapitre propose une lecture prospective réaliste des trajectoires envisageables à l'horizon 2035, identifie les leviers de rupture les plus décisifs, et explore les conditions de faisabilité d'une reconfiguration durable.

11.1. Le piège de la fragilité : une mécanique d'auto-reproduction

La fragilité de l'AES n'est ni un accident ni un simple effet conjoncturel. Elle s'enracine dans un système d'interdépendances négatives, une architecture de vulnérabilité auto-renforcée :

- **Politique** :

Transitions prolongées, suspensions constitutionnelles, instabilité normative, perte de légitimité et de confiance civique.

- **Institutionnelle** : i

Impunité des élites, capture des organes de contrôle, opacité des nominations, déconnexion entre institutions et société.

- **Sécuritaire** :

Perte du monopole de la violence dans des zones entières, extension des groupes armés, érosion de la souveraineté effective.

- **Économique** :

Dépendance aux rentes (minières, fiscales, externes), désarticulation des filières productives, informalisation du tissu économique.

- **Sociale** :

Frustrations régionales, intergénérationnelles, identitaires, souvent instrumentalisées à des fins de contrôle ou de diversion.

🔁 Ce système est **verrouillé par l'auto-reproduction des dysfonctionnements** : chaque tentative de réforme isolée est absorbée par les résistances systémiques, faute de vision globale ou de volonté politique durable (OCDE, 2023 ; World Bank, 2022).

11.2. Trois scénarios prospectifs pour l'AES (2025–2035)

▩ Scénario 1 – Inertie autoritaire prolongée

Les régimes militaires se maintiennent sans horizon de transition crédible. Le discours souverainiste masque l'absence de réformes institutionnelles. L'État devient un **instrument de contrôle**, non de transformation.

- **Conséquences** : isolement régional et international accru ; investissements publics captifs du sécuritaire ; fuite du capital privé ; marginalisation de l'AES dans les intégrations africaines.

▨ Scénario 2 – Transition institutionnelle maîtrisée

Les États retrouvent une légitimité civique via des réformes de gouvernance, un pacte social renouvelé et une intégration régionale pragmatique.

- Conséquences : relance économique progressive ; diversification des investissements ; retour des partenaires stratégiques ; regain de confiance entre acteurs publics et privés.

▨ Scénario 3 – Fragmentation accélérée

L'effondrement de la capacité régalienne de l'État génère une **reconfiguration par le bas** : autonomisation de territoires, criminalisation économique, conflictualisation du vivre-ensemble.

- Conséquences : éclatement territorial ; zones grises ingouvernables ; flux de déplacés ; perte de cohérence nationale et institutionnelle.

Ces scénarios ne sont pas exclusifs : un même pays peut glisser d'un scénario à un autre, selon les chocs politiques, la capacité d'anticipation, ou l'émergence d'alliances nouvelles entre société civile, secteur privé et collectivités.

11.3. Leviers stratégiques pour briser le verrou de la fragilité

A. Réinstitutionnaliser l'État par la performance

- Instaurer une logique de budget-programme, fondée sur des indicateurs de performance vérifiables.

- Rétablir l'indépendance des organes de régulation, notamment les cours des comptes, juridictions administratives et autorités anticorruption.

- Réhabiliter la sanction électorale locale pour restaurer la redevabilité dans les territoires.

- Créer une Haute Autorité de la Transparence Budgétaire, dotée d'un droit d'alerte et de contrôle sur les marchés publics.

B. Construire une architecture régionale d'investissement

- Mettre en place une Banque d'investissement de l'AES, avec gouvernance mixte (États, secteur privé, diaspora).

- Harmoniser les incitations fiscales et douanières pour renforcer la prévisibilité.

- Lancer des projets structurants transfrontaliers : corridors logistiques, hubs solaires, interconnexions numériques.

C. Mobiliser le secteur privé comme acteur de stabilisation

- Élaborer un cadre légal protecteur pour les investisseurs locaux : sécurisation foncière, justice commerciale, garantie des contrats.Créer un fonds sahélien de garantie publique adossé aux revenus miniers, pour couvrir les risques dans les zones à potentiel.

- Développer des zones économiques spéciales à fiscalité allégée, avec gouvernance locale autonome.

TABLEAU 19 : VERS DES TRAJECTOIRES DIFFÉRENCIÉES MAIS COORDONNÉES

Pays	Atout structurel	Risque principal	Orientation stratégique
Mali	Tissu associatif dense	Polarisation politique	Renforcement des économies locales, soutien à l'entrepreneuriat communautaire
Burkina Faso	Mobilisation sociale active	Dérive militariste du budget	Réindustrialisation territoriale, valorisation de l'agro-pastoral
Niger	Potentiel extractif et solaire	Pression démographique explosive	Redistribution ciblée, investissement dans le capital humain et la santé

Source : Auteurs, 2025

L'impératif régional est clair : créer une interdépendance stratégique AES, fondée sur la convergence budgétaire, la coordination des investissements et la mutualisation des mécanismes de stabilisation économique et sécuritaire.

Refonder la souveraineté par l'efficacité

La sortie du piège sahélien ne viendra ni des slogans souverainistes ni d'un retour aux mirages autoritaires. Elle exige une refondation lucide de l'action publique, appuyée sur :

- Des institutions évaluables, crédibles et dépolitisées ;
- Une coopération régionale décomplexée, fondée sur l'intérêt mutuel plutôt que la défiance ;
- Une intelligence économique partagée entre acteurs publics, privés et communautaires ;
- Une inclusion sociale active, qui reconnecte l'État aux besoins territorialisés des populations.

Plus qu'un impératif moral, il s'agit d'un impératif de survie collective. Sans transformation structurelle, l'AES pourrait devenir un laboratoire du chaos chronique. Mais avec des réformes audacieuses, constantes et concertées, elle peut devenir un modèle inédit de résilience politique et économique en Afrique.

Cette figure présente de manière synthétique les trois trajectoires possibles pour l'Alliance des États du Sahel à l'horizon 2035, ainsi que les leviers stratégiques identifiés pour briser le cycle de fragilité.

Chaque scénario est associé à ses conséquences dominantes, tandis que les leviers en bas de la figure soulignent les conditions d'un changement structurel réussi.

FIGURE 13 : SCÉNARIOS PROSPECTIFS ET LEVIERS STRATÉGIQUES POUR L'AES (2025–2035)

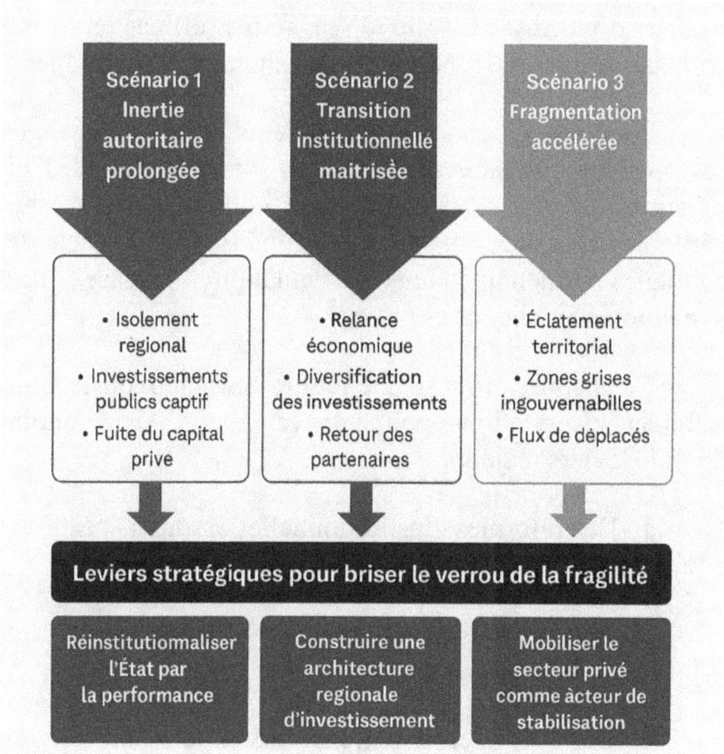

Source : Auteur, 2025

12. POUR UN PACTE DE CONFIANCE PUBLIC–PRIVE : STRATEGIE ET REFORMES

Vers une politique d'investissement plus inclusive, efficace et partenariale dans l'AES

Dans l'espace sahélien, les relations entre l'État et le secteur privé sont longtemps restées déséquilibrées, méfiantes et fragmentées. L'investissement privé, souvent perçu comme spéculatif ou captif de la commande publique, peine à s'imposer comme moteur de transformation. L'investissement public, quant à lui, souffre d'un discrédit lié à sa faible efficacité, à sa politisation et à sa déconnexion des signaux économiques.

Pourtant, les chapitres précédents ont démontré que ces deux formes d'investissement ne sont ni opposables, ni substituables, mais structurellement complémentaires. Le véritable défi est de construire les conditions d'un pacte de confiance permettant une articulation efficace des dynamiques publiques et privées.

Ce chapitre propose une feuille de route réaliste pour refonder les relations public–privé dans l'AES, autour de trois leviers majeurs :

1. Des réformes institutionnelles assurant sécurité, équité et prévisibilité ;

2. Des incitations ciblées, cohérentes avec les priorités de développement ;

3. Des écosystèmes partenariaux structurants, fondés sur la durée et l'évaluation.

12.1. Un partenariat défaillant : constats et blocages

Le partenariat public–privé reste embryonnaire et dysfonctionnel. Il repose souvent sur des rapports de force asymétriques, une méfiance historique, et une culture de la rente plutôt que de la production. Parmi les blocages récurrents :

- Une opacité persistante dans l'attribution des marchés publics, favorisant clientélisme, exclusion et inefficacité ;
- Un arbitraire fiscal, avec des exonérations négociées en coulisses et des contrôles instrumentalisés ;
- Une insécurité contractuelle, du fait de la lenteur judiciaire, de la non-application des décisions et de l'instabilité réglementaire ;
- Une absence de dialogue institutionnel crédible, réduisant les cadres de concertation à des exercices symboliques.

Ces facteurs alimentent une économie informelle, spéculative et court-termiste, au détriment de l'investissement productif à long terme.

12.2. Réformes institutionnelles pour rétablir la confiance

A. Sécurité juridique et régulation efficace

- Créer des juridictions commerciales spécialisées, avec procédures accélérées et numérisées ;
- Adopter une loi cadre sur la commande publique : appels d'offres publiés, données ouvertes, traçabilité des contrats ;
- Instituer une autorité indépendante de régulation des marchés publics, avec pouvoir d'investigation, de médiation et de sanction.

B. Prévisibilité fiscale et cohérence régionale

- Élaborer un code d'investissement unifié, avec clauses de stabilité réglementaire sur 5 à 10 ans ;

- Supprimer les régimes dérogatoires opaques, remplacer par des incitations standardisées, plafonnées et évaluées ;
- Harmoniser les régimes fiscaux et douaniers dans l'AES, pour créer un véritable espace économique intégré.

C. Professionnalisation de l'action économique publique

- Instituer un corps régional d'administrateurs économiques, formés à la gestion des investissements et à l'éthique ;
- Généraliser l'informatisation complète du cycle budgétaire (e-procurement, exécution, évaluation), interopérable à l'échelle AES.

12.3. Incitations stratégiques à l'investissement productif

Les incitations doivent cesser d'être des privilèges négociés, pour devenir des instruments de politique économique au service d'objectifs mesurables.

A. Bonifications sélectives

- Crédits d'impôt, subventions partielles ou primes à l'investissement dans les secteurs à fortes externalités positives : agro-industrie, santé, énergies renouvelables, numérique.

- Conditionnalité des incitations : emploi local, valeur ajoutée nationale, exportation, fiscalité locale versée.

B. Sécurisation foncière

- Création de zones économiques spéciales (ZES) sécurisées, dotées de guichets uniques, infrastructures de base, fiscalité simplifiée ;

- Réforme foncière inclusive : cadastre numérique participatif, reconnaissance des droits collectifs, sécurisation des coopératives.

C. Mobilisation de l'épargne locale et diasporique

- Lancer des produits d'épargne souveraine : obligations diasporiques, sukuks islamiques, comptes d'investissement communautaire ;

- Créer des fonds souverains mixtes (État – diaspora – privé), avec gouvernance conjointe et transparence.

1.3. Construire des écosystèmes de partenariat durable

Un pacte ne peut reposer sur des dispositifs abstraits. Il doit s'incarner dans des institutions, des forums et des contrats mesurables.

A. Un Haut Conseil national de l'investissement

- Organe tripartite (État, secteur privé, société civile) avec un mandat consultatif renforcé ;

- Organisation d'un Forum national annuel de l'investissement, publication d'un rapport indépendant sur le climat des affaires.

B. Des hubs sectoriels PPP

- Sélectionner 3 à 5 filières prioritaires par pays et bâtir des écosystèmes hybrides :
  - incubateurs privés,

- agences sectorielles,
- centres de recherche locaux,
- guichets de financement conjoints.

C. Des contrats de performance à évaluation indépendante

- Formaliser des accords public–privé à objectifs clairs, avec :
  - Partage des risques,
  - Mécanismes de renégociation,
  - Suivi par des tiers indépendants.

Promouvoir des contrats modernes : affermages, concessions, performance-based contracts avec bonus/malus.

Ce schéma résume les trois composantes fondamentales d'un pacte public–privé renouvelé dans l'Alliance des États du Sahel : les réformes institutionnelles, les incitations stratégiques à l'investissement productif, et les écosystèmes de partenariat. Il constitue la synthèse opérationnelle des propositions formulées dans le chapitre 11.

FIGURE 14 : TROIS PILIERS DU PACTE PUBLIC–PRIVÉ DANS L'AES

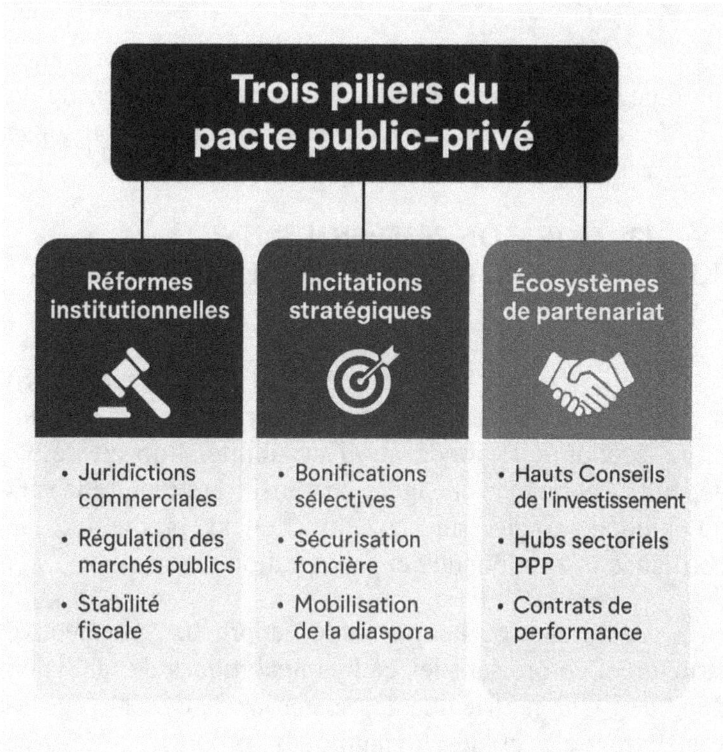

Source : Auteur, 2025

12.4. Refonder le contrat économique national

Le pacte de confiance public–privé ne saurait être proclamé : il se construit dans le temps, par la preuve. Il exige une transformation conjointe de la culture administrative et des comportements privés.

• L'État doit passer d'un rôle de contrôle à celui de facilitateur et garant des règles du jeu ;

- Le secteur privé doit s'affranchir de la logique rentière et s'engager dans la production, l'innovation et la redevabilité.

L'AES peut devenir un laboratoire de convergence intelligente, où la souveraineté se fonde sur l'efficacité, la coopération sur la transparence, et la transformation sur la co-construction.

13. HORIZON 2035 : POUR UNE SOUVERAINETE PRODUCTIVE ET REGIONALE DANS L'AES

À l'horizon 2035, l'Alliance des États du Sahel (AES) se trouvera face à une alternative historique : consolider un ordre économique fondé sur l'instabilité, l'opacité et la dépendance, ou bien engager une transition structurelle vers un modèle fondé sur la souveraineté productive, la confiance institutionnelle et l'intégration régionale.

Ce chapitre adopte une approche prospective structurée, en croisant les cadres analytiques de la Vision 2063 de l'Union africaine, les scénarios de l'OCDE sur les États fragiles, et les dynamiques propres à l'espace sahélien.

Il ne s'agit pas d'un exercice de prédiction, mais d'un outil d'aide à la décision stratégique, mobilisable par les gouvernements, les acteurs économiques, les institutions régionales et la société civile.

13.1. Quatre trajectoires prospectives à l'horizon 2035

Le devenir de l'Alliance des États du Sahel (AES) à l'horizon 2035 est loin d'être linéaire. Il dépendra des arbitrages politiques, des choix économiques et de la capacité des États membres à structurer une coopération régionale solide et cohérente. Sur la base des données recueillies et des tendances actuelles, **quatre scénarios prospectifs** ont été identifiés pour modéliser les futurs possibles.

Ces scénarios ne doivent pas être perçus comme exclusifs ou déterministes, mais comme des **configurations plausibles** permettant d'anticiper les risques, de saisir les opportunités, et de guider les décisions stratégiques. Ils traduisent des dynamiques combinées de gouvernance, d'investissement, de coopération régionale et de stabilité macroéconomique.

- Le scénario **d'autoritarisme résilient** repose sur une stabilité imposée par le haut, mais sans réforme ni transformation. Il conduit à une stagnation économique et à une marginalisation institutionnelle progressive.

- Le scénario **de transition institutionnelle maîtrisée** suppose un retour progressif à un ordre civil, sous contrainte, avec des réformes partielles et un redémarrage lent de l'investissement.

- Le scénario **d'intégration régionale transformante** incarne une rupture stratégique, fondée sur la coopération économique, l'investissement structurant et l'harmonisation institutionnelle au sein de l'AES.

- Et enfin, le scénario **d'implosion différenciée**, envisagé comme un stress test, décrit l'effondrement d'un des membres de l'Alliance — par insurrection, percée djihadiste ou coup d'État dissident — provoquant une dislocation de l'architecture régionale et un retour à l'instabilité généralisée.

Ces scénarios offrent une grille de lecture stratégique des futurs sahéliens : ils montrent que l'avenir de l'AES ne sera pas le produit d'un consensus abstrait, mais le résultat de tensions réelles entre contraintes, volontés politiques, et dynamiques institutionnelles divergentes.

Cette figure synthétise les quatre trajectoires possibles identifiées pour l'Alliance des États du Sahel (AES) à l'horizon 2035. Chaque scénario reflète une combinaison spécifique de choix politiques, de dynamiques économiques et de niveaux d'intégration régionale :

FIGURE 15 : QUATRE SCÉNARIOS PROSPECTIFS POUR L'AES À L'HORIZON 2035

Source : Auteur, 2025

13.2. Scénario 1 : Autoritarisme résilient – une stabilité sans transformation

Ce scénario décrit la trajectoire la plus restrictive et la moins transformative pour les pays de l'Alliance des États du Sahel (AES). Derrière une façade de stabilité imposée par la force, il masque un effondrement silencieux des capacités de développement et une marginalisation progressive de l'espace sahélien sur les plans économique, diplomatique et institutionnel.

La persistance de régimes militaires sans horizon de transition politique crédible installe une gouvernance autoréférentielle, où la légitimité se fonde sur la répression et le monopole de la violence plutôt que sur la performance ou la participation. Cette situation conduit inévitablement à la fermeture de l'espace civique, à la criminalisation des voix dissidentes, et à l'affaiblissement des institutions indépendantes (justice, presse, syndicats).

Sur le plan économique, ce scénario est marqué par :

- Une désaffection massive des investisseurs étrangers (recul de 40 à 60 % des IDE selon UNCTAD, 2023) en raison du risque politique élevé et de l'imprévisibilité réglementaire ;

- Une orientation budgétaire hypertrophiée vers le secteur de la défense (35–40 % des ressources publiques), au détriment des infrastructures civiles, de l'innovation ou des services sociaux essentiels ;

- Une croissance molle, inférieure à 2 % par an, portée par des dépenses de prestige ou des projets clientélistes sans effet structurant sur le tissu économique local.

Les impacts sectoriels sont alarmants :

- Les services sociaux (éducation, santé) deviennent résiduels, alimentant un double déficit de capital humain et de confiance sociale ;
- Le chômage urbain, notamment chez les jeunes diplômés, atteint des niveaux critiques, provoquant une hémorragie migratoire vers les pays côtiers ou l'étranger ;
- Les secteurs productifs (agriculture, transformation, industrie légère) stagnent en l'absence d'investissements, de réformes foncières ou d'accès au financement ;
- Les chaînes logistiques régionales sont disloquées, isolant davantage l'espace AES des marchés régionaux intégrés.

En résumé, ce scénario révèle une illusion de stabilité construite sur la marginalisation des forces vives, la militarisation des politiques économiques et la désintégration des dynamiques productives. Il pourrait certes assurer un contrôle à court terme, mais au prix d'un affaiblissement profond des fondamentaux de développement. L'économie de rente, la fuite des cerveaux et la défiance généralisée deviennent alors les symptômes d'un système bloqué, où la résilience autoritaire ne protège plus qu'un statu quo fragile et coûteux.

Ce scénario pose ainsi une alerte stratégique : l'absence de transformation politique et économique condamne l'AES à une stagnation prolongée, où l'autorité remplace l'autorité morale, et où l'investissement n'est plus qu'un mot sans effet.

Cette figure illustre le scénario d'autoritarisme résilient, structuré autour des conditions d'occurrence, des conséquences économiques et politiques, et des impacts sectoriels. Elle met en évidence les mécanismes de verrouillage institutionnel et les effets de stagnation induits par une gouvernance autoritaire prolongée dans les pays de l'AES.

FIGURE 16 : SCÉNARIO 1 : AUTORITARISME RÉSILIENT – UNE STABILITÉ SANS TRANSFORMATION

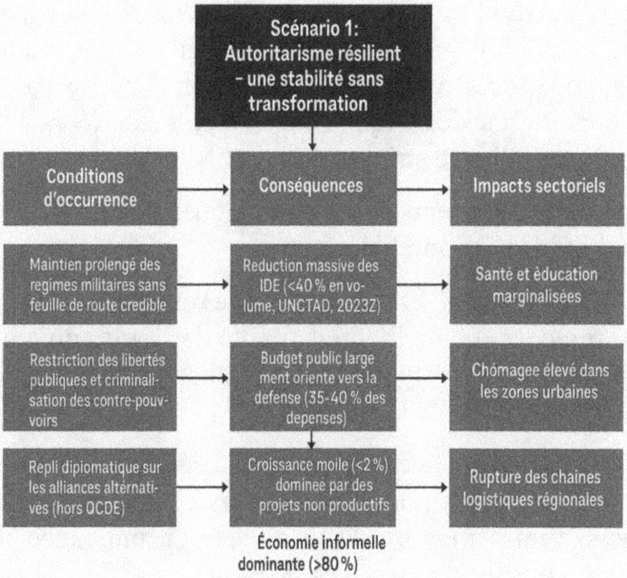

Source : Auteurs 2025

13.3. Scénario 2 : Transition institutionnelle maîtrisée – réforme sous contrainte

Ce scénario représente une voie médiane entre la dérive autoritaire et l'intégration régionale ambitieuse. Il incarne une dynamique de stabilisation progressive, engagée dans un cadre de transition politique encadrée, mais encore marquée par des limites structurelles et des résistances internes. L'enjeu n'est pas ici la rupture radicale, mais le réapprentissage pragmatique de la gouvernance, sous pression conjointe des citoyens, des partenaires internationaux et d'élites réformistes.

Sur le plan politique, cette transition s'appuie sur un accord de sortie de crise, souvent négocié sous médiation régionale ou internationale, ouvrant la voie à la réhabilitation du jeu démocratique (élections pluralistes, réformes institutionnelles, élargissement de l'espace civique). La réintégration progressive dans les cadres multilatéraux (CEDEAO, UEMOA, FMI, etc.) permet le retour conditionné de certains financements extérieurs, bien que sous surveillance stricte.

- Les conséquences économiques traduisent un climat d'affaires en amélioration :

Le taux d'investissement privé remonte à 12–15 % du PIB, grâce à une meilleure lisibilité des règles du jeu, à la relance partielle des partenariats publics-privés (PPP), et à une timide reprise de la confiance ;

- La croissance économique s'accélère modérément (3,5 à 4,5 % par an), portée par les services, la relance des chantiers d'infrastructure, et la montée en puissance des petites et moyennes entreprises (MPME) ;

- L'emploi formel commence à se reconstituer, notamment dans les services marchands, les industries agroalimentaires et les chaînes de distribution.

Au niveau sectoriel, cette trajectoire ouvre des perspectives ciblées :

- Dans l'énergie et les transports, les PPP redémarrent, appuyés par des réformes de gouvernance plus crédibles et un appui technique renforcé des bailleurs ;

▪ Le secteur agricole bénéficie d'un renforcement partiel de ses chaînes de valeur, notamment par l'introduction de mécanismes de crédit rural et la structuration de marchés locaux ;

▪ Le secteur bancaire gagne en transparence et en régulation, ce qui favorise un accès plus équitable au financement pour les entreprises formelles, notamment les MPME.

Cependant, cette transition demeure "sous contrainte" : elle est vulnérable à l'essoufflement réformiste, à la résurgence des clivages politiques, et à la pression des groupes d'intérêt hostiles au changement.

La gouvernance reste souvent inégalement répartie entre secteurs, et les retards dans la réforme judiciaire ou foncière peuvent freiner l'approfondissement de la relance.

En somme, ce scénario esquisse un compromis réaliste : celui d'un réengagement progressif de l'État, d'une normalisation politique partielle, et d'un retour prudent de l'investissement.

Il ne garantit pas la transformation structurelle, mais il ouvre un espace d'expérimentation et de transition vers une gouvernance plus inclusive et une croissance plus robuste.

Pour qu'il débouche sur un véritable décollage, il devra être consolidé par une vision stratégique cohérente, un pilotage institutionnel rigoureux et une adhésion renforcée des sociétés civiles à l'agenda des réformes.

Figure 17 : Transition institutionnelle maîtrisée

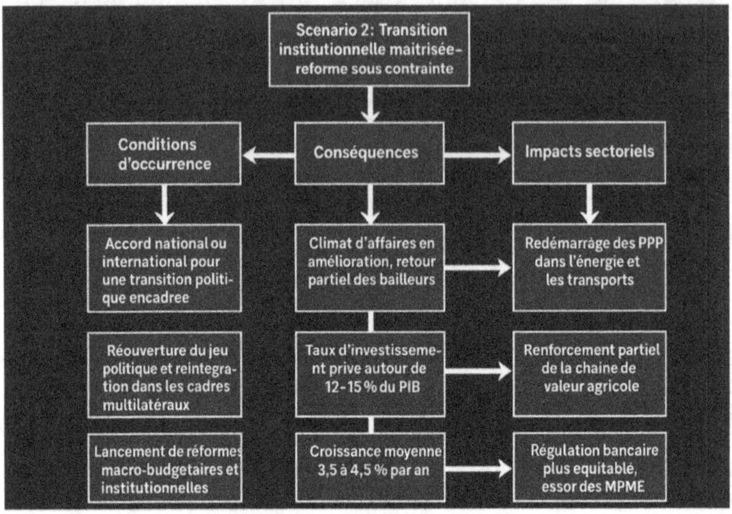

Source : Auteurs 2025

13.4. Scénario 3 : Intégration régionale transformante – l'AES comme levier de convergence

Ce scénario trace les contours d'une rupture stratégique dans la trajectoire actuelle des pays de l'Alliance des États du Sahel (AES). Plutôt que de s'enfermer dans un isolement sécuritaire ou une transition partielle, il propose une véritable refondation régionale, plaçant l'investissement productif et la coopération économique au cœur du projet AES.

La réussite de ce modèle repose sur trois conditions clés : (1) une réorientation de l'AES vers des fonctions économiques structurantes (énergie, logistique, numérique), (2) la mise en place d'institutions régionales robustes (banque d'investissement, plateforme douanière commune, observatoire régional), et (3) l'alignement stratégique avec les corridors de croissance continentaux tels que le PIDA ou la ZLECAf.

Les retombées économiques projetées sont significatives : une agrégation des investissements publics et privés dépassant 40 % du PIB dans certaines zones, une croissance soutenue (5 à 6 % par an selon la BAD, 2023), et une réduction progressive des inégalités territoriales. Ce scénario renforce également la souveraineté productive, en promouvant des chaînes de valeur régionales et une plus grande autonomie vis-à-vis des importations.

Les impacts sectoriels sont à la fois profonds et intégrés :

- Une interconnexion énergétique entre pays (solaire, hydroélectricité, lignes transfrontalières) réduisant les vulnérabilités nationales ;
- Des zones agricoles intégrées et une agro-industrie régionale favorisant la sécurité alimentaire et les exportations ;
- Le développement de plateformes numériques régionales pour les paiements, la formation à distance et le commerce en ligne, élargissant les opportunités pour les jeunes ;

– Une rationalisation logistique, notamment par l'aménagement de ports secs et de corridors interrégionaux fluidifiant les échanges.

En somme, ce scénario constitue une projection réaliste et mobilisatrice d'une intégration régionale qui ne serait pas subie mais construite, à travers une gouvernance économique concertée et une synergie accrue entre États, acteurs privés et partenaires techniques. Il incarne la vision d'un Sahel plus résilient, plus connecté et plus inclusif, à condition qu'une volonté politique forte et une ingénierie institutionnelle adaptée accompagnent cette ambition.

Figure 18 : Intégration régionale transformante – l'AES comme levier de convergence

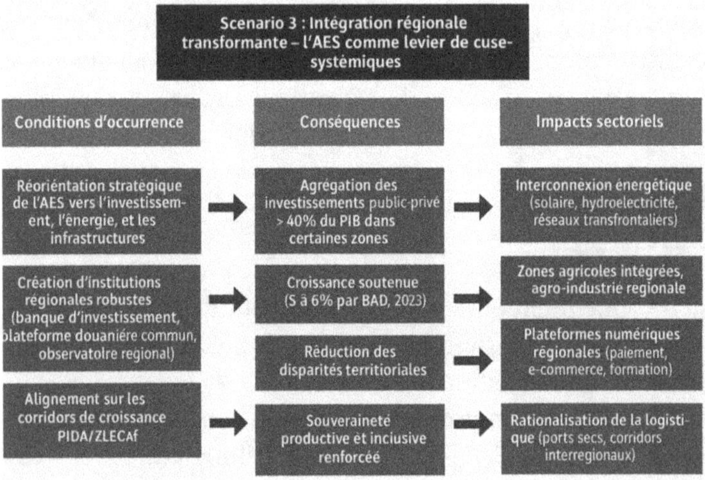

Source : Auteur, 2025

13.5. Scénario 4 – Implosion différenciée et reconfiguration de l'AES

Ce scénario décrit une rupture brutale et asymétrique au sein de l'Alliance des États du Sahel (AES), provoquée par une déstabilisation interne majeure dans l'un des trois pays. Cette rupture peut être déclenchée par une insurrection populaire, une percée djihadiste décisive ou une mutinerie militaire fragmentant le pouvoir.

Il s'agit d'un scénario de basculement, plausible bien que non souhaitable, qui révèle les limites de l'homogénéité politique affichée par l'AES. La chute d'un régime de transition, même dans un seul des pays, remettrait en cause l'équilibre fragile de l'Alliance et la logique de convergence institutionnelle qu'elle prétend incarner.

13.5.1. Conditions d'occurrence :

- Effondrement du front sécuritaire dans une région stratégique (Gao, Dori, Tillabéri), suivi d'un repli de l'armée ou d'un désengagement du pouvoir central.

- Insurrection populaire inattendue (provoquée par la répression, la faim, ou une hausse des prix), s'appuyant sur des réseaux civils et communautaires déjà mobilisés.

- Coup d'État organisé par une fraction rivale des forces armées, entraînant la division du commandement et la perte d'unité nationale.

13.5.2. Conséquences politiques :

- Sortie ou marginalisation d'un des pays membres de l'AES, réduisant l'alliance à deux États et minant sa légitimité collective.
- Recomposition géopolitique immédiate : retour d'acteurs extérieurs (CEDEAO, France, Algérie, Russie), tentatives de récupération par d'autres blocs d'influence.
- Crise de confiance au sein des États membres restants, exposés à des mouvements de contestation ou à des scissions internes.

13.5.3. Conséquences économiques et sociales :

- Effondrement de la coordination économique régionale, gel des projets transfrontaliers, retrait massif des IDE.

- Fragmentation des corridors logistiques, rendant les échanges interrégionaux impraticables.
- Explosion de l'informalité violente : contrebande, économie criminelle, déplacements de populations.
- Pertes de souveraineté fonctionnelle dans certaines zones, gouvernées de facto par des groupes armés ou des autorités parallèles.

13.5.4. Impacts sectoriels :

- Déclin rapide de la gouvernance économique : paralysie budgétaire, cessation des paiements dans certaines régions.
- Arrêt brutal des programmes d'infrastructure régionale, y compris dans l'énergie, la logistique ou l'agriculture.
- Rupture des chaînes de valeur émergentes dans les filières agro-industrielles ou extractives.
- Exode des compétences et migration accélérée vers les pays côtiers.

Ce scénario est un signal d'alerte extrême, illustrant la vulnérabilité systémique de l'AES à une déstabilisation ponctuelle. Il démontre qu'une transition politique crédible et partagée dans chacun des États est la condition sine qua non de la viabilité régionale.

L'implosion de l'un peut devenir le déclencheur d'un effondrement à effet domino dans les deux autres.

Cette figure ci-dessous illustre les différentes dimensions du scénario 4, centré sur une implosion différenciée dans l'un des pays de l'AES. Elle présente les conditions de déclenchement, les conséquences politiques, économiques et sociales, ainsi que les impacts sectoriels, mettant en évidence les risques de fragmentation de l'AES et de dislocation régionale.

FIGURE 19 : IMPLOSION DIFFÉRENCIÉE : LOGIQUE DE RUPTURE ET EFFETS SYSTÉMIQUES

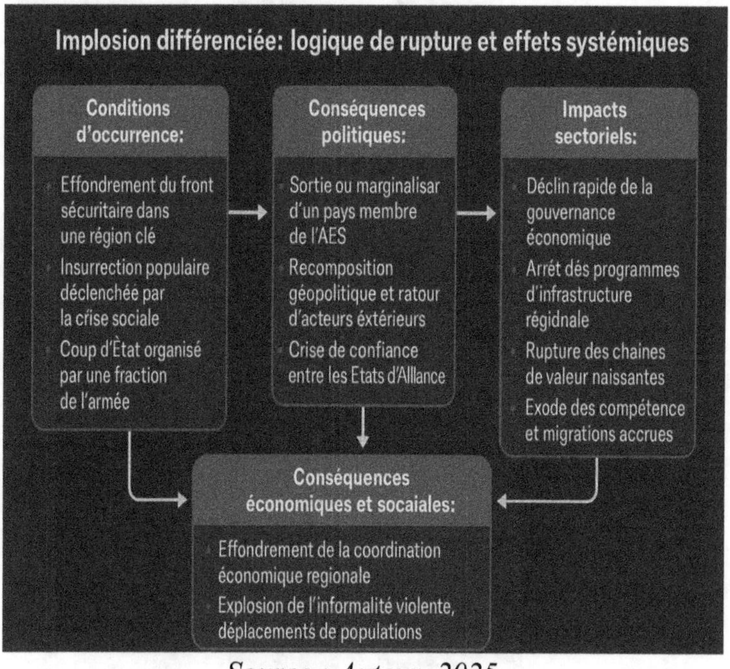

Source : Auteur, 2025

13.6. Conditions de réussite du scénario vert

Pour faire advenir un futur sahélien fondé sur la souveraineté et la transformation, plusieurs leviers doivent être activés conjointement :

FIGURE 20 : CONDITIONS DE RÉUSSITE DU SCÉNARIO VERT

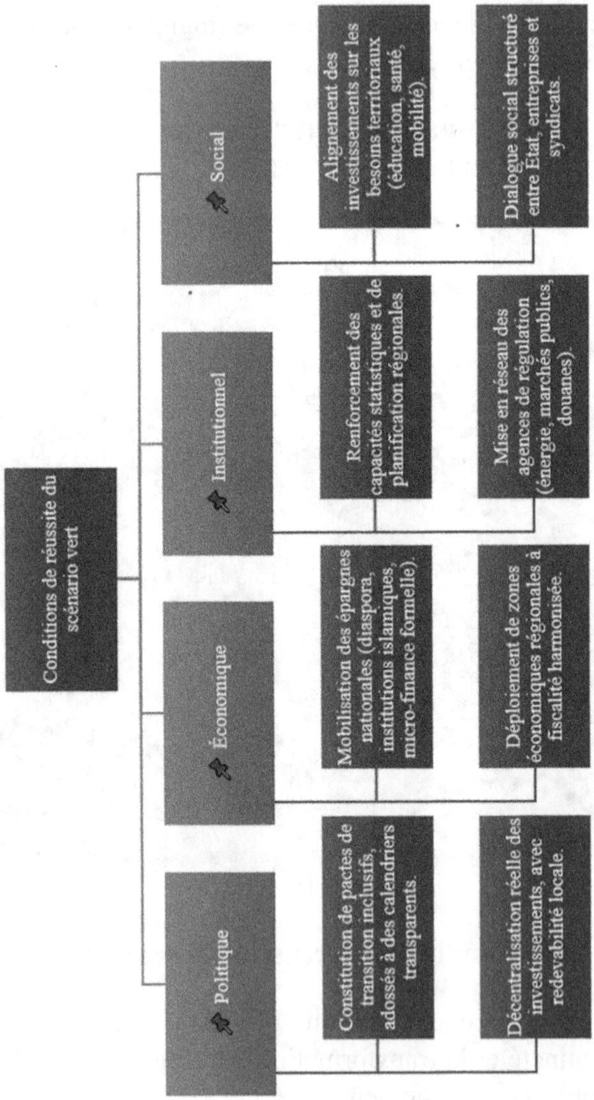

Source : Auteurs, 2025

13.7. Synthèse comparative des trajectoires

Ce tableau offre une **lecture comparative des quatre trajectoires prospectives** identifiées pour l'Alliance des États du Sahel (AES) à l'horizon 2035. Il met en évidence l'impact différencié de chaque scénario sur les principaux indicateurs de développement : croissance, investissement, emploi, informalité, cohésion territoriale et intégration régionale.

• Le **scénario d'autoritarisme résilient** (▧) traduit une **stagnation économique**, avec une croissance molle (<2 %), un effondrement des investissements directs étrangers (IDE), et une marginalisation du secteur privé. Il s'accompagne d'une informalisation massive (>80 %), de déséquilibres territoriaux renforcés, et d'une intégration régionale quasi nulle. Il symbolise le risque d'un **verrouillage autoritaire sans transformation**.

• Le **scénario d'intégration régionale transformante** (▨) dessine une **trajectoire de transformation ambitieuse**, portée par la coopération régionale, les investissements productifs, et la montée en puissance d'institutions régionales solides. Il permettrait une croissance soutenue (5–6 %), une réduction de l'informalité (<50 %), et la création de plus de 500 000 emplois par an. Il exige cependant une **volonté politique forte, une coordination technocratique rigoureuse et une stabilité institutionnelle durable**.

• Le **scénario de transition institutionnelle maîtrisée** (▨) offre une **voie intermédiaire**, plus réaliste à court terme. Il repose sur une amélioration partielle du cadre politique et réglementaire, le retour progressif des bailleurs, et une relance modérée des investissements privés. Il permettrait une **stabilisation du climat d'affaires**, une création significative d'emplois (jusqu'à 400 000/an), mais **sans transformation structurelle profonde**.

• Le **scénario d'implosion différenciée** (◍) représente un **stress test stratégique** : effondrement de l'un des régimes de transition (par percée terroriste, insurrection ou coup d'État dissident), entraînant un **effet domino sur l'AES**. Il se traduirait par une rupture de cohésion, la paralysie de la coordination régionale, un gel des investissements, une explosion de l'économie informelle (>85 %), et une accélération des flux migratoires. Ce scénario **ne peut être exclu**, tant les équilibres sont fragiles et asymétriques entre les membres de l'Alliance.

TABLEAU 20 : SYNTHÈSE COMPARATIVE DES TRAJECTOIRES À L'HORIZON 2035

Indicateur-clé	■ **Autoritarisme résilient**	▨ **Transition maîtrisée**	▩ **Intégration transformante**	◍ **Implosion différenciée**
Croissance annuelle moyenne	1,5–2 %	3,5–4,5 %	5–6 %	Négative ou instable
Taux d'investissement privé	<10 %	12–15 %	>17 %	<5 %

Part des IDE dans le PIB	En forte baisse	En reprise	Stable et diversifiée	Quasi-nulle
Emplois créés / an	<150 000	300 000–400 000	>500 000	Chômage massif
Part de l'économie informelle	>80 %	~65 %	<50 %	>85 %
Disparités régionales	Aggravées	Stables	Réduites	Exacerbées
Niveau d'intégration régionale	Faible	Modéré	Structurante	Rompue / marginale

Source : Auteurs, 2025

Cette synthèse montre que le développement de l'AES **ne dépend pas de la disponibilité des ressources**, mais de la capacité des États à :

- faire des choix politiques cohérents,
- engager des réformes institutionnelles crédibles,
- et construire un cadre économique régional solide et résilient.

L'alternative sahélienne à l'horizon 2035 est désormais claire : **Subir l'instabilité, ou structurer un avenir commun.**

La figure ci-dessous présente une matrice stratégique à quatre scénarios pour l'Alliance des États du Sahel. Elle positionne les trajectoires prospectives en fonction de leur niveau de transformation structurelle (axe horizontal) et de leur résilience institutionnelle (axe vertical). Elle permet de visualiser les choix critiques auxquels l'AES est confrontée et les risques ou opportunités associés à chaque trajectoire.

FIGURE 21 : MATRICE DE SYNTHÈSE DES SCÉNARIOS PROSPECTIFS (AES, HORIZON 2035)

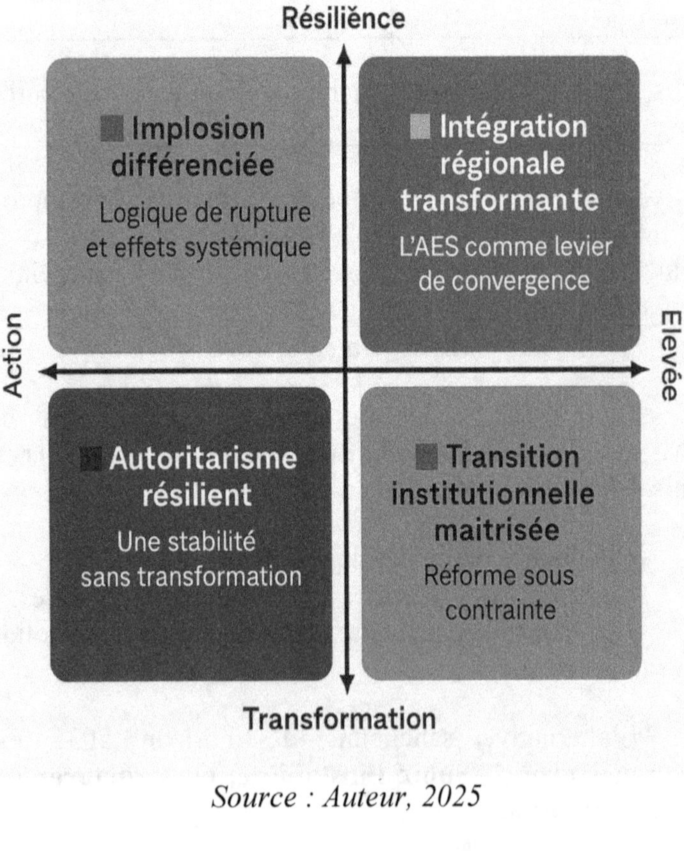

Source : Auteur, 2025

13.8. D'un régionalisme sécuritaire à une souveraineté productive

Le destin de l'Alliance des États du Sahel (AES) ne se jouera pas uniquement sur les champs de bataille ni dans la seule lutte contre les groupes armés. Il se jouera dans la capacité des États sahéliens à construire un pacte économique et institutionnel de transformation, dans lequel la sécurité ne serait plus une condition préalable, mais une conséquence directe d'un développement partagé, inclusif et durable.

Les scénarios explorés dans ce chapitre montrent que l'avenir de l'AES est ouvert, instable, mais encore malléable. La trajectoire la plus ambitieuse – celle de l'intégration régionale structurante – exige une vision à long terme, des institutions solides, des mécanismes de confiance, et une volonté politique inébranlable. Elle appelle à dépasser le réflexe sécuritaire et à bâtir une souveraineté fondée sur l'investissement productif, la coopération pragmatique et la convergence économique.

Mais un quatrième scénario est venu rappeler les fragilités systémiques de l'alliance : celui d'une implosion différenciée, où l'effondrement d'un seul des membres pourrait déséquilibrer l'ensemble, rompre l'élan régional et ouvrir la voie à une fragmentation plus large. Ce scénario n'est pas le plus probable, mais il est le plus déstabilisant, car il met à nu les lignes de fracture structurelles – politiques, sociales, militaires – encore trop peu consolidées. À l'horizon 2035, le Sahel peut devenir :

- soit une périphérie géopolitique gérée sous assistance, disloquée, instable et de plus en plus dépendante ;

- soit un laboratoire africain de transformation régionale, capable de refonder la souveraineté à travers des institutions partagées, une économie intégrée, et une participation citoyenne renouvelée.

Ce choix n'est ni une affaire de destin, ni une simple affaire de gouvernements. Il dépend de la capacité collective – des États, des entreprises, des citoyens – à structurer le développement, à consolider la coopération et à transformer les fragilités en leviers d'avenir.

CONCLUSION GENERALE

Pour une refondation stratégique et souveraine de l'investissement dans les économies sahéliennes en transition

L'objectif de cet ouvrage était d'évaluer empiriquement et institutionnellement dans quelle mesure les investissements publics peuvent stimuler les investissements privés dans les économies sahéliennes en transition. En prenant appui sur les trajectoires comparées du Mali, du Burkina Faso et du Niger — membres de l'Alliance des États du Sahel (AES) —, le livre a mobilisé une méthodologie mixte fondée sur l'analyse statistique, la modélisation économétrique (modèle ARDL) et un cadre théorique institutionnaliste (Blejer & Khan, 1984 ; Aschauer, 1989 ; Acemoglu & Robinson, 2012).

Deux hypothèses fondamentales ont structuré l'analyse : (H1) l'investissement public exerce un effet d'entraînement sur l'investissement privé s'il est bien orienté, encadré et institutionnellement soutenu ; (H2) à l'inverse, en contexte d'arbitraire, il peut produire un effet d'éviction. Deux autres hypothèses complémentaires ont été testées : (H3) la qualité de la gouvernance amplifie ou atténue ces effets ; (H4) l'effet d'entraînement varie selon les secteurs. Les résultats empiriques valident partiellement ces hypothèses : un effet d'entraînement significatif a été observé, notamment dans les phases de stabilité et les secteurs stratégiques (énergie, agro-industrie). L'effet d'éviction apparaît dans les contextes dominés par l'opacité et la dérive sécuritaire.

Quatre scénarios prospectifs ont été envisagés à l'horizon 2035 : l'autoritarisme résilient (▧), la transition institutionnelle maîtrisée (▨), l'intégration régionale transformante (▨), et, en guise de stress test, l'implosion différenciée (◍). Ces trajectoires montrent que le futur économique du Sahel ne dépend pas uniquement des ressources, mais bien de la capacité politique à structurer un environnement économique stable, lisible et productif. Face à ces scénarios divergents, la stratégie défendue dans cet ouvrage s'aligne sur la trajectoire d'une intégration régionale transformante. C'est dans ce cadre que s'inscrit la proposition d'un pacte de confiance public–privé structurant, reposant sur : (i) un cadre juridique sécurisé et contractuel ; (ii) une fiscalité équitable et lisible ; (iii) une gouvernance budgétaire professionnalisée ; (iv) des incitations alignées sur la création de valeur locale.

Ce pacte, pour être crédible, suppose de rompre avec la logique rentière, les exemptions opaques et la méfiance systémique. Il implique une transformation culturelle et institutionnelle : l'État comme garant et régulateur stratégique ; le secteur privé comme partenaire de service public ; la société civile comme vigile actif de la performance collective.

L'ouvrage identifie également un levier stratégique souvent négligé : l'intégration régionale. Si elle repose sur des institutions techniques, des projets concrets (hubs agricoles, corridors logistiques, plateformes numériques) et une gouvernance partagée, elle peut faire de l'AES un laboratoire africain de souveraineté productive (OECD, 2023 ; PIDA, 2022).

Sur cette base, cinq principes fondateurs sont proposés :

1. L'investissement est un engagement à impacts mesurables, pas une simple dépense.

2. L'État doit redevenir un régulateur stratège, garant de la redevabilité et de l'efficacité.

3. Le secteur privé, quand il crée de l'emploi, est un acteur de service public.

4. La transparence budgétaire et la participation citoyenne doivent être institutionnalisées.

5. L'intégration régionale doit être économique, fonctionnelle et transversale.

Ce livre contribue à combler un vide dans la littérature sur les investissements en Afrique sahélienne, en articulant lecture institutionnaliste, ancrage empirique et stratégie régionale (Acemoglu et al., 2005 ; UNDP, 2023 ; IMF, 2022). Il propose également des pistes pour les recherches futures : analyses infranationales des dynamiques d'investissement, étude des récits entrepreneuriaux en contexte fragile, et construction d'un indice de complémentarité public–privé. Refonder l'investissement, c'est refonder le contrat entre l'État, l'économie et la société. C'est passer d'une économie de rente à une économie de transformation ; d'un régionalisme de façade à une intégration stratégique ; d'une survie institutionnelle à une souveraineté construite. Car in fine, l'investissement n'est pas qu'une affaire de capitaux. C'est un choix de société, une vision collective, un pari de civilisation.

BIBLIOGRAPHIE

[1] Acemoglu, D., Johnson, S., & Robinson, J. A. (2005). Institutions as a fundamental cause of long-run growth. In P. Aghion & S. N. Durlauf (Eds.), *Handbook of Economic Growth* (Vol. 1A, pp. 385–472). Elsevier.

[2] Acemoglu, D., & Robinson, J. A. (2012). *Why nations fail: The origins of power, prosperity, and poverty*. Crown Business.

[3] Aschauer, D. A. (1989). Is public expenditure productive? *Journal of Monetary Economics, 23*(2), 177–200. https://doi.org/10.1016/0304-3932(89)90047-0

[4] AUDA-NEPAD & KfW. (2021). *Programme for Infrastructure Development in Africa – Priority Action Plan (PIDA-PAP)*. Johannesburg.

[5] Banque africaine de développement (BAD). (2011). *Les relations Chine-Afrique : perspectives économiques et enjeux de développement.*

[6] Banque africaine de développement (BAD). (2023). *Regional Economic Outlook: West Africa*. Abidjan : BAD.

[7] Banque Centrale des États de l'Afrique de l'Ouest (BCEAO). (2023). *Base de données macroéconomiques régionales*. Dakar : BCEAO.

[8] Banque Centrale des États de l'Afrique de l'Ouest (BCEAO). (2024). *Statistiques macroéconomiques régionales*. https://www.bceao.int

[9] Banque mondiale. (2015). *Rapport annuel 2015* [Version française]. https://openknowledge.worldbank.org

[10] Banque mondiale. (2022). *Promouvoir une croissance inclusive au Sahel*. Washington, DC : World Bank Group.

[11] Banque mondiale. (2023). *Mali Economic Update: Resilience under Stress*. Washington, DC : World Bank Group.

[12] Banque mondiale. (2024). *World Development Indicators*. https://databank.worldbank.org/

[13] Barro, R. J. (1990). Government spending in a simple model of endogenous growth. *Journal of Political Economy, 98*(5, Part II), S103–S125. https://doi.org/10.1086/261726

[14] Blejer, M. I., & Khan, M. S. (1984). Government policy and private investment in developing countries. *IMF Staff Papers, 31*(2), 379–403. https://doi.org/10.2307/3866757

[15] Charte du Liptako-Gourma. (2023). *Traité de création de l'Alliance des États du Sahel (AES)*. Signé à Bamako, le 16 septembre 2023.

[16] Clark, J. M. (1917). Business acceleration and the law of demand: A technical factor in economic cycles. *Journal of Political Economy, 25*(3), 217–235. https://doi.org/10.1086/252058

[17] Communauté Économique des États de l'Afrique de l'Ouest (CEDEAO). (2024). *Déclaration sur le retrait du*

Mali, du Burkina Faso et du Niger. Abuja : Commission de la CEDEAO.

[18] Diawara, M. (2019). *Approche socio-anthropologique des grands projets hydroélectriques dans le Nord du Mali : le cas de Taoussa* [Thèse de doctorat, Université de Toulouse]. HAL Thèses.

[19] Doing Business. (2020). *Comparative Indicators: Sub-Saharan Africa*. Washington, DC : World Bank.

[20] Engle, R. F., & Granger, C. W. J. (1987). Co-integration and error correction: Representation, estimation, and testing. *Econometrica, 55*(2), 251–276. https://doi.org/10.2307/1913236

[21] Erenburg, S. J. (1993). The real effects of public investment on private investment. *Applied Economics, 25*(6), 831–837. https://doi.org/10.1080/00036849300000056

[22] Fonds Monétaire International (FMI). (2008). *Rapports pays – Mali, Burkina Faso, Niger*. Washington, DC : FMI.

[23] Fonds Monétaire International (FMI). (2022). *Afrique subsaharienne : reprise interrompue ? Perspectives économiques régionales*. Washington, DC : FMI.

[24] Fonds Monétaire International (FMI). (2023a). *Burkina Faso, Mali, Niger – Rapport Article IV*. Washington, DC : FMI.

[25] Fonds Monétaire International (FMI). (2023b). *Rapports pays – Mali, Burkina Faso, Niger*. Washington, DC : FMI.

[26] Greene, J., & Villanueva, D. (1991). Private investment in developing countries: An empirical analysis. *IMF Staff Papers, 38*(1), 33–58. https://doi.org/10.2307/3867185

[27] Houngbedji, C., & Bassongui, B. (2021). Institutions et efficacité de l'investissement public en Afrique francophone. *Revue d'Économie du Développement, 29*(3), 103–126.

[28] Houngbedji, K., & Bassongui, J. (2021). Institutional quality and public–private investment nexus in sub-Saharan Africa: Evidence from dynamic panel data. *African Development Review, 33*(2), 243–257. https://doi.org/10.1111/1467-8268.12504

[29] Human Rights Watch. (2024). *Mali and the Sahel: Security, governance and accountability*. https://www.hrw.org

[30] Indice Ibrahim de la gouvernance africaine (IIAG). (2023). *Mo Ibrahim Foundation Governance Index*. Londres : MIF.

[31] Jeune Afrique. (2024). AES : trois pays, une alliance, quels horizons ?

[32] Kedl, G. (2015). *Impacts des barrages sur les populations d'hippopotames et gestion du conflit avec l'homme : le cas du barrage de Kandadji sur le fleuve Niger* [Mémoire de maîtrise, Université de Sherbrooke]. Savoirs UdeS.

[33] Keynes, J. M. (1936). *The general theory of employment, interest and money*. Macmillan.

[34] Le Monde. (2024). La Somalie, premier jalon de la Turquie dans sa quête d'hydrocarbures en Afrique. https://www.lemonde.fr

[35] Ministère des Infrastructures du Burkina Faso. (2022). *Rapport annuel d'exécution des projets routiers.* Ouagadougou.

[36] Nazmi, N., & Ramirez, M. D. (1997). Public and private investment and economic growth in Mexico. *Contemporary Economic Policy, 15*(1), 65–75. https://doi.org/10.1111/j.1465-7287.1997.tb00466.x

[37] North, D. C. (1990). *Institutions, institutional change and economic performance*. Cambridge University Press.

[38] Organisation de Coopération et de Développement Économiques (OCDE). (2020). *States of Fragility 2020.* Paris : OECD Publishing.

[39] Organisation de Coopération et de Développement Économiques (OCDE). (2022). *Gouvernance et investissement public efficace dans les pays en développement*. Paris : OCDE.

[40] Pesaran, M. H., & Shin, Y. (1998). An autoregressive distributed-lag modelling approach to cointegration analysis. In S. Strøm (Ed.), *Econometrics and economic theory in the 20th century: The Ragnar Frisch Centennial Symposium* (pp. 371–413). Cambridge University Press.

[41] Pesaran, M. H., Shin, Y., & Smith, R. J. (2001). Bounds testing approaches to the analysis of level relationships. *Journal of Applied Econometrics, 16*(3), 289–326. https://doi.org/10.1002/jae.616

[42] Pradhan, B. K., Ratha, D. K., & Sarma, A. (1990). Complementarity between public and private investment in India. *Journal of Development Economics, 33*(1), 101–116.

[43] ReliefWeb. (2024). *Sahel Regional Outlook: Humanitarian and economic trends*. https://reliefweb.int

[44] RFI. (2023). Mali, Burkina, Niger : les ressorts d'un retrait de la CEDEAO.

[44] Sissoko, E. F. (2024). Au-delà de la crise: Evaluer l'accès aux soins de Santé dans les zones de conflit au centre du Mali. Editions L'Harmattan. (2024)

[46] Sissoko, E. F., & DEMBELE, K. (2023). Analyse des conséquences des sanctions économiques de la CEDEAO en 2022: Examens de l'endettement et de la stabilité macroéconomique du Mali. *Revue Française d'Economie et de Gestion*, *4*(12).

[47] Sissoko, E. F., Diawara, D. G., Kone, M., & Dembele, K. (2024). Au-delà de la stabilité: Étude de l'impact de la politique sur les investissements directs étrangers au Mali (2002-2022). *International Journal of Accounting, Finance, Auditing, Management and Economics*.

[48] Sissoko, E. F., Amadou, L., & Lamine, A. (2024). *L'économie post-CEDEAO: Défis et opportunités pour le Mali, le Burkina Faso et le Niger* (Doctoral dissertation, International Journal of Accounting, Finance, Auditing, Management and Economics, 5 (1), 289-307.).

[49] SISSOKO, E. F., GUINDO, L., & TRAORE, A. L. (2024). SÉCURITÉ OU DÉVELOPPEMENT?: Un

dilemme budgétaire dans le contexte des élections de 2024 et de la pression internationale. *Revue Française d'Economie et de Gestion*, *5*(1).

[50] Sissoko, E. F., TANGARA, T., & DEMBELE, K. (2024). RETRAIT DES PAYS DE L'AES DE LA CEDEAO: Analyse théorique des conséquences macroéconomiques. *International Journal of Strategic Management and Economic Studies (IJSMES)*, *3*(2), 576-597.

[51] vSISSOKO, E. F., DIAWARA, D. S., BALLO, I., TRAORE, A. O., & DEMBELE, K. (2023). ENTRE INSTABILITÉ ET DÉVELOPPEMENT: Analyse de l'impact de l'endettement par le marché régional des titres publics et la stabilité politique sur la Croissance économique au Mali (2011-2023). *Revue du contrôle, de la comptabilité et de l'audit*, *7*(4).

[52] SpecialEurasia. (2024). *Geopolitical tensions in the Sahel: From ECOWAS to AES*. https://www.specialeurasia.com

[53] SPF Affaires étrangères (Belgique). (2023). *Conseils aux voyageurs – Burkina Faso*.

[54] UNCTAD. (2023). *World Investment Report 2023 – Investing in Sustainable Energy for All*. Genève : CNUCED.

[55] UNDP. (2023). *Rapport régional sur la gouvernance et la sécurité dans le Sahel*. Programme des Nations Unies pour le développement.

[56 !] Union africaine. (2015). *Agenda 2063: The Africa We Want*. Addis-Abeba : Commission de l'Union africaine.

POSTFACE

De l'analyse à l'action : pour un Sahel qui se réinvente par l'investissement

Ce livre s'achève, mais le chantier qu'il amorce est loin d'être clos. Il ouvre une séquence nouvelle : celle où les diagnostics cèdent la place aux choix, les constats aux responsabilités, et les scénarios aux engagements. Car au-delà des modèles, des indicateurs ou des comparaisons régionales, c'est la capacité collective à transformer l'intention en décision qui décidera du destin de l'Alliance des États du Sahel (AES).

Refonder l'investissement, tel que proposé dans ces pages, ne relève ni d'une technique, ni d'un slogan. Il s'agit d'une refondation du sens, d'un déplacement radical du rôle de l'État, du secteur privé, et des institutions régionales. C'est replacer la dépense publique et l'initiative entrepreneuriale dans un horizon de transformation, où la finalité n'est pas seulement la croissance, mais la construction d'un avenir partagé, stable et souverain.

Ce livre n'a pas été écrit pour convaincre, mais pour équiper la décision. Il ne cherche pas à fournir une solution unique, mais à rendre pensables d'autres trajectoires. Il est offert comme un outil de travail aux gouvernements, aux investisseurs, aux chercheurs, aux membres de la diaspora, aux jeunes générations qui refusent de céder le terrain aux fatalités.

La fragilité du Sahel n'est pas un fait, c'est une configuration. Et toute configuration peut être déplacée. L'AES peut devenir un contre-exemple positif dans une Afrique qui doute, un espace d'innovation institutionnelle et de souveraineté fonctionnelle. Mais à une condition : que les choix ne soient pas dictés par la peur, ni par l'urgence, mais par une vision de long terme ancrée dans *le* réel.

L'investissement est, en ce sens, bien plus qu'un flux de capitaux. C'est un acte politique, une inscription dans le temps, une manière de dessiner les contours du possible.

À ceux qui liront ces lignes : que ce livre vous aide à penser, mais surtout à agir. Car si le Sahel est aujourd'hui à un carrefour, il a besoin d'éclaireurs, pas de spectateurs.

Il ne suffit pas de survivre. Il faut choisir ce que l'on veut bâtir. Et le faire avec méthode, courage et lucidité.

Etienne Fakaba Sissoko

TABLE DES MATIERES

TABLE DES MATIERES

Revue « Marché et Organisations »

Promouvoir la recherche originale sur les relations de plus en plus étroites entre le marché et les organisations. Les acteurs économiques de taille, de puissance et de pouvoir différents dont les intérêts peuvent être convergents, complémentaires ou, le plus souvent, antagoniques, ont tendance à organiser les marchés. La raison du marché, pourtant, est la référence stratégique pour l'entreprise ainsi que pour les institutions publiques de décision économique.

N°6 : Entrepreneuriat et accompagnement. Outils, actions et paradigmes nouveaux, 2008
N°7 : Développement durable des territoires. Economie sociale, environnement et innovations, 2008
N°8 : Développement durable et responsabilité sociale des acteurs, 2009
N°9 : Gouvernance : exercices de pouvoir, 2009
N°10 : Le travail collaboratif. Une innovation générique, 2009
N°11 : Economie sociale et solidaire. Nouvelles trajectoires d'innovations, 2010
N°12 : Relations à la marque et marques de la relation. Regards croisés sur le management relationnel de la marque, 2010
N°13 : Les contrats au service de la recherche ?, 2011
N°14 : Le potentiel économique de l'Afrique subsaharienne, 2011
N°15 : Management de la distribution, 2012
N°16 : Territoire Vert. Entreprises, Institutions, Innovations, 2012
N°17 : Eco-conception, conception et innovation. Les nouveaux défis de l'entreprise, 2013
N°18 : Intelligence économique : entreprises et territoires, 2013
N°19 : La finance globale. Un monde fini, 2013
N°20 : La crise du « développement », 2014
N°21 : La Chine innove. Politiques publiques et stratégies d'entreprise, 2014
N°22 : Go East! Nouvelles Economies de Marché, 2015
N°23 : L'économie du changement, 2015
N°24 : Le temps des artisans. Permanences et mutations, 2015
N°25 : Innovations de proximité et esprit d'entreprise, 2016
N°26 : L'avenir des économies du Maghreb : entre inertie structurelle et envie de rupture, 2016/3 (n° 27)
N°27 : Le sport aux frontières du marché du travail, 2016
N°28 : Dynamiques internationales des entreprises, 2017
N°29 : L'univers du risque, 2017
N°30 : Les petites entreprises dans l'histoire industrielle, 2017
N°31 : Economie sociale et *social business* ? Au défi d'entreprendre et se financer, 2018
N°32 : Éducation et fertilisation des économies africaines, 2018
N°33 : L'entrepreneuriat innovant dans les pays du Maghreb, 2018
N°34 : L'entrepreneuriat scientifique : institutions et innovation, 2019
N°35 : Le champ économique de la culture, 2019
N°36 : Economie sociale et solidaire ? Modèles d'innovation et modes de gouvernance, 2019
N°37 : Rethinking Luxury Business, 2020
N°38 : La santé connectée. Nouvelles technologies et réorganisation des soins, 2020
N°39 : Options stratégiques et systèmes complexes d'innovation, 2020
N°40 : Les services : intégration des systèmes productifs et lien social, 2021
N°41 : Crise pandémique, crise globale. Réalité et controverses théoriques, 2021
N°42 : La crise de la covid-19. Le marché et les organisations en perspective, 2021
N°43 : (Re)faire système. *Bug & reset*, 2022
N°44 : Aléas du marché et management du risque, 2022
N°45 : Le renouveau du transport et de la logistique : les systèmes d'information, 2022
N°46 : Entrepreneuriat et innovation dans l'enseignement supérieur, 2023
N°47 : Le tourisme créatif. Culture, créativité, patrimoine, management, 2023
N°48 : L'Afrique : questions de performances, 2023
N°49 : *Fintech* en sciences du management, 2024

https://www.cairn.info/revue-marche-et-organisations.htm

Collection « L'esprit économique »
fondée par Sophie Boutillier et Dimitri Uzunidis en 1996

Dernières parutions

► ***Série Economie et Innovation***
J.-P. SCHMITT, N. RAVIDAT, *Management conjoint de la technologie et de la personne. Pour performer et croitre*, 2020.
Y. EL YAHYAOUI, *Economie des plateformes numériques. Captation de la valeur, pouvoir de marché et communs collaboratifs*, 2021.
G. DUTHIL, *Handicap et insertion professionnelle*, 2022.
T. MICHAUD, *La science-fiction institutionnelle*, 2023.
M. TOMAS, *Gouvernance territoriale et développement économique au Maroc : l'opportunité d'une étude économétrique*, 2025.
► ***Série Le Monde en Question***
G. BAYOH, *Ecosystème des transferts internationaux d'argent et développement durable : Contraintes et solutions*, 2024.
S. BENBACHIR, *Performances bancaires des pays du Moyen-Orient et de l'Afrique du nord. Modélisation de l'efficience et de la productivité des banques*, 2024.
O. MUMBERE MUHONGYA, *Efficacité de l'aide publique au développement. Question de la qualité des données*, 2024.
M. CAMARA, *Être ministre de l'Économie et des Finances de la République de Guinée*, 2024.
R. A. OBAM NLONG, *Du franc CFA à l'Afrix : la nécessaire refonte du Fonds Monétaire Africain*, 2024.
A. N. BASAHAG, *La réforme budgétaire dans les États de la Communauté économique et monétaire d'Afrique centrale (CEMAC)*, 2025.
A. OUCHEN, *Analyse des crises financières de grande ampleur : étude économétrique de contagion*, 2025.
O. S. AWAL, *Dette publique et développement au Cameroun : outils, stratégies et souveraineté économique*, 2025.
► ***Série Krisis***
M. WIELEZYNSKI, *La loi du marché post-esclavagiste. Une approche critique*, 2023.
G. MINART, *Condorcet économiste : un libéralisme économique au service du bien public*, 2023.
A. MANRAY, *Petit traité de gouvernance à l'usage des despotes éclairés*, 2024.
B. LANDAIS, *Théorie générale de la croissance économique et du développement*, 2024.
V. SOYER, *Critique de la théorie contemporaine de la valeur*, 2024.
► ***Série Clichés***
S. BOUTILLIER, D. UZUNIDIS (dir.), *La Russie européenne. Du passé composé au futur antérieur*, 2008.
R. VOLPI, *La négociation. Pain, paix, liberté*, 2009.
B. S. BONBON, *Géométrie parabolique tridimensionnelle ou perspective parabolique*, 2023.
S. BOUTILLIER, B. LAPERCHE, S. T. K. LE, *Ports industriels en transition : De l'économie circulaire à la décarbonation*, 2024.
► ***Série Cours Principaux***
Z. FIRANO, *Fondements de la finance de marché. Théories et applications*, 2022.
Y. KEHO, *Introduction à l'économétrie appliquée sous EVIEWS, Rappels de cours et illustrations pratiques*, 2023.
K. AMZILE, *Intelligence artificielle et modélisation du risque de crédit*, 2023.
B. LANDAIS, *Macroéconomie. Les fondamentaux*, 2024.
A. KATFI, O. EL MNOUER (dir.), *Mathématiques financières. Cours d'initiation et exercices corrigés*, 2024.
J. NGONGO NGOY, *Manuel d'analyse financière*, 2024.
► ***Série L'économie formelle***
J.-P. ROSELLO, *Marchés financiers, capital financier et crises systémiques*, 2024.
J.-L. VILLOUTREIX, *L'eau coule à Aguad : un conte économique*, 2024.
B. MEUNIER, *L'insoutenable dette publique de la France*, 2024.
J. LATREILLE, *Le PIB, ou la mesure de notre démesure*, 2024.
C. MEIDINGER, *Controverses macroéconomiques contemporaines*, 2024.
J.-M. RUFFIE, *La loi de l'offre et du besoin : décrocher de la demande*, 2025.

Structures éditoriales du groupe L'Harmattan

L'Harmattan Italie
Via degli Artisti, 15
10124 Torino
harmattan.italia@gmail.com

L'Harmattan Hongrie
Kossuth l. u. 14-16.
1053 Budapest
harmattan@harmattan.hu

L'Harmattan Sénégal
10 VDN SICAP AMITIE 3
BP 45034 Dakar-Fann
direction@senharmattan.com

L'Harmattan Cameroun
Tsinga/Derrière polyclinique FECAFOOT
BP 11486 Yaoundé
Jacques.koukam@harmattan.fr

L'Harmattan Burkina Faso
Villa 281, secteur 23 623, rue 14.32
Ouagadougou
zagbie@outlook.fr

L'Harmattan Guinée
Almamya, rue KA 028 OKB Agency
BP 3470 Conakry
harmattanguinee@yahoo.fr

L'Harmattan RDC
185, avenue Nyangwe
Commune de Lingwala - Kinshasa
matangilamusadila@yahoo.fr

L'Harmattan Congo
219, avenue Nelson Mandela
BP 2874 Brazzaville
deunovmikhael@gmail.com

L'Harmattan Mali
Immeuble Mgr Jean Marie Cissé
Aci Hamadallaye
BP 145 Bamako
syllaka@yahoo.fr

L'Harmattan Togo
Djidjole - Maison Amela
face EPP BATOME
02 BP 20680 Lomé
didieramela11@gmail.com

L'Harmattan Côte d'Ivoire
Résidence Karl - Cité des Arts
Abidjan-Cocody
03 BP 1588 Abidjan
harmattan.ivoire@gmail.com

L'Harmattan Bénin
Rue 604, (Immeuble à l'entrée
de la rue UCAO- Cite de Saint-Jean)
Cotonou
stepcorpus@gmail.com

Nos librairies en France

Librairie internationale
16, rue des Écoles
75005 Paris
librairie.internationale@harmattan.fr
01 40 46 79 11
www.librairieharmattan.com

Librairie des savoirs
21, rue des Écoles
75005 Paris
librairie.sh@harmattan.fr
01 46 34 13 71
www.librairieharmattansh.com

www.ingramcontent.com/pod-product-compliance
Lightning Source LLC
LaVergne TN
LVHW021208061026
849535LV00008B/2629